Estimulação da capacidade de tomada de decisões

EDITORES DA SÉRIE
Cristiana Castanho de Almeida Rocca
Telma Pantano
Antonio de Pádua Serafim

Estimulação da capacidade de tomada de decisões

AUTORES
Talita Helena Spada
Priscila Lima Cerqueira Ferreira Sertori
Cristiana Castanho de Almeida Rocca
Telma Pantano
Antonio de Pádua Serafim

Copyright © Editora Manole Ltda., 2021, por meio de contrato com os editores e os autores.

A edição desta obra foi financiada com recursos da Editora Manole Ltda., um projeto de iniciativa da Fundação Faculdade de Medicina em conjunto e com a anuência da Faculdade de Medicina da Universidade de São Paulo – FMUSP.

Logotipos   *Copyright* © Faculdade de Medicina da Universidade de São Paulo
            Copyright © Hospital das Clínicas – FMUSP
            Copyright © Instituto de Psiquiatria

Editor gestor: Walter Luiz Coutinho
Editora: Juliana Waku
Projeto gráfico: Departamento Editorial da Editora Manole
Capa: Ricardo Yoshiaki Nitta Rodrigues
Editoração eletrônica: HiDesign
Ilustrações: Freepik, iStockphoto

CIP-BRASIL. CATALOGAÇÃO NA PUBLICAÇÃO
SINDICATO NACIONAL DOS EDITORES DE LIVROS, RJ

T722e

    Spada, Talita Helena

       Estimulação da capacidade de tomada de decisões / Talita Selena Spada, Priscila Lima Cerqueira Ferreira Sertori. - 1. ed. - Barueri [SP] : Manole, 2021.
       23 cm. (Psicologia e neurociências)

       Inclui bibliografia e índice
       ISBN 978-65-5576-042-2

       1. Neuropsicologia. 2. Psicologia educacional. 3. Distúrbios da cognição - Pacientes - Reabilitação. I. Sertori, Priscila Lima Cerqueira Ferreira. II. Título. III. Série.

20-65093

CDD: 616.8
CDU: 616.8

Camila Donis Hartmann - Bibliotecária - CRB-7/6472

Todos os direitos reservados.
Nenhuma parte deste livro poderá ser reproduzida, por qualquer processo, sem a permissão expressa dos editores. É proibida a reprodução por fotocópia.
A Editora Manole é filiada à ABDR – Associação Brasileira de Direitos Reprográficos.

1ª edição – 2021

Editora Manole Ltda.
Av. Ceci, 672 – Tamboré
06460-120 – Barueri – SP – Brasil
Fone: (11) 4196-6000
www.manole.com.br | https://atendimento.manole.com.br/

Impresso no Brasil
Printed in Brazil

EDITORES DA
SÉRIE PSICOLOGIA E NEUROCIÊNCIAS

Cristiana Castanho de Almeida Rocca
Psicóloga Supervisora do Serviço de Psicologia e Neuropsicologia, e em atuação no Hospital Dia Infantil do Instituto de Psiquiatria do Hospital das Clínicas da Faculdade de Medicina da Universidade de São Paulo (IPq-HCFMUSP). Mestre e Doutora em Ciências pela FMUSP. Professora Colaboradora na FMUSP e Professora nos cursos de Neuropsicologia do IPq-HCFMUSP.

Telma Pantano
Fonoaudióloga e Psicopedagoga do Serviço de Psiquiatria Infantil do Hospital das Clínicas da Faculdade de Medicina da Universidade de São Paulo (HCFMUSP). Vice-coordenadora do Hospital Dia Infantil do Instituto de Psiquiatria do HCFMUSP e especialista em Linguagem. Mestre e Doutora em Ciências e Pós-doutora em Psiquiatria pela FMUSP. Master em Neurociências pela Universidade de Barcelona, Espanha. Professora e Coordenadora dos cursos de Neurociências e Neuroeducação pelo Centro de Estudos em Fonoaudiologia Clínica.

Antonio de Pádua Serafim
Diretor Técnico de Saúde do Serviço de Psicologia e Neuropsicologia e do Núcleo Forense do Instituto de Psiquiatria do Hospital das Clínicas da Faculdade de Medicina da Universidade de São Paulo (IPq-HCFMUSP). Professor Colaborador do Departamento de Psiquiatria da FMUSP. Professor do Programa de Neurociências e Comportamento do Instituto de Psicologia da Universidade de São Paulo (IPUSP). Professor do Programa de Pós-Graduação em Psicologia da Saúde da Universidade Metodista de São Paulo (UMESP)

AUTORES

Talita Helena Spada
Psicóloga formada pela Universidade Metodista de São Paulo. Realizou o programa de Aprimoramento de Neuropsicologia no Contexto Hospitalar no Instituto de Psiquiatria do Hospital das Clínicas da Faculdade de Medicina da Universidade de São Paulo (IPq-HCFMUSP). Colaboradora no IPq-HCFMUSP e em consultório particular para avaliação neuropsicológica e psicoterapia.

Priscila Lima Cerqueira Ferreira Sertori
Psicóloga formada pela Pontifícia Universidade Católica de São Paulo (PUC--SP). Mestre em Ciências pelo Instituto de Psicologia da USP. Especialista em Neuropsicologia pelo IPq-HCFMUSP, em Psicologia Hospitalar pelo Instituto do Coração-HCFMUSP e em Cuidados Paliativos pela UniSant'Anna. Trabalha na Fundação Anne Sullivan em São Caetano do Sul, SP. Colaboradora no IPq-HCFMUSP e em consultório particular para psicoterapia, avaliação neuropsicológica e reabilitação cognitiva.

Cristiana Castanho de Almeida Rocca
Psicóloga Supervisora do Serviço de Psicologia e Neuropsicologia, e em atuação no Hospital Dia Infantil do Instituto de Psiquiatria do Hospital das Clínicas da Faculdade de Medicina da Universidade de São Paulo (IPq-HCFMUSP). Mestre e Doutora em Ciências pela FMUSP. Professora Colaboradora na FMUSP e Professora nos cursos de Neuropsicologia do IPq-HCFMUSP.

Telma Pantano

Fonoaudióloga e Psicopedagoga do Serviço de Psiquiatria Infantil do Hospital das Clínicas da Faculdade de Medicina da Universidade de São Paulo (HCFMUSP). Vice-coordenadora do Hospital Dia Infantil do Instituto de Psiquiatria do HCFMUSP e especialista em Linguagem. Mestre e Doutora em Ciências e Pós-doutora em Psiquiatria pela FMUSP. Master em Neurociências pela Universidade de Barcelona, Espanha. Professora e Coordenadora dos cursos de Neurociências e Neuroeducação pelo Centro de Estudos em Fonoaudiologia Clínica.

Antonio de Pádua Serafim

Diretor Técnico de Saúde do Serviço de Psicologia e Neuropsicologia e do Núcleo Forense do Instituto de Psiquiatria do Hospital das Clínicas da Faculdade de Medicina da Universidade de São Paulo (IPq-HCFMUSP). Professor Colaborador do Departamento de Psiquiatria da FMUSP. Professor do Programa de Neurociências e Comportamento do Instituto de Psicologia da Universidade de São Paulo (IPUSP). Professor do Programa de Pós-Graduação em Psicologia da Saúde da Universidade Metodista de São Paulo (UMESP)

SUMÁRIO

Apresentação da Série.. XI

Introdução 1
Estrutura do treino de tomada de decisão... 5
Objetivo 7
Procedimentos 9
Dica para o mediador 11

Sessões
Sessão 1 – Psicoeducação.. 15
Sessão 2 – Discutindo os prós e contras das mudanças 26
Sessão 3 – Choque das comparações... 32
Sessão 4 – Montando frases... 38
Sessão 5 – Ajudando a dar solução.. 44
Sessão 6 – Jogos para treinar o cérebro.. 52
Sessão 7 – Resolvendo labirintos 60
Sessão 8 – Resolvendo as situações... 65
Sessão 9 – Criando histórias... 70
Sessão 10 – Pensando na vida diária 75
Sessão 11 – Ciclo das decisões 83
Sessão 12 – Situações de vida diária.. 89

Anexos
Anexo A – Escala de Apoio 93
Anexo B – Termômetro das Emoções.. 96
Anexo C – Pensômetro para familiares 97
Anexo D – Pensômetro para participante do grupo.................................98

Anexo E – Ciclo da Tomada de Decisão 99
Anexo F – Tabela dos Pensamentos 100
Anexo G – Recuperando a Atividade 101
Anexo H – Labirintos 103

Referências bibliográficas 109
Índice remissivo 111
Slides 115

APRESENTAÇÃO DA SÉRIE

O processo do ciclo vital humano se caracteriza por um período significativo de aquisições e desenvolvimento de habilidades e competências, com maior destaque para a fase da infância e adolescência. Na fase adulta, a aquisição de habilidades continua, mas em menor intensidade, figurando mais a manutenção daquilo que foi aprendido. Em um terceiro estágio, vem o cenário do envelhecimento, que é marcado principalmente pelo declínio de várias habilidades. Este breve relato das etapas do ciclo vital, de maneira geral, contempla o que se define como um processo do desenvolvimento humano normal, ou seja, adquirimos capacidades, estas são mantidas por um tempo e declinam em outro.

No entanto, quando nos voltamos ao contexto dos transtornos mentais, é preciso considerar que tanto os sintomas como as dificuldades cognitivas configuram-se por impactos significativos na vida prática da pessoa portadora de um determinado quadro, bem como de sua família. Dados da Organização Mundial da Saúde (OMS) destacam que a maioria dos programas de desenvolvimento e da luta contra a pobreza não atinge as pessoas com transtornos mentais. Por exemplo, 75 a 85% dessa população não têm acesso a qualquer forma de tratamento da saúde mental. Deficiências mentais e psicológicas estão associadas a taxas de desemprego elevadas a patamares de 90%. Além disso, essas pessoas não têm acesso a oportunidades educacionais e profissionais para atender ao seu pleno potencial.

Os transtornos mentais representam uma das principais causas de incapacidade no mundo. Três das dez principais causas de incapacidade em pessoas entre as idades de 15 e 44 anos são decorrentes de transtornos mentais, e as outras causas são muitas vezes associadas com estes transtornos. Estudos tanto prospectivos quanto retrospectivos enfatizam que de maneira geral os transtornos mentais começam na infância e adolescência e se estendem à idade adulta.

Tem-se ainda que os problemas relativos à saúde mental são responsáveis por altas taxas de mortalidade e incapacidade, tendo participação em cerca de 8,8 a 16,6% do total da carga de doença em decorrência das condições de saúde em países de baixa e média renda, respectivamente. Podemos citar como exemplo a ocorrência da depressão, com projeções de ser a segunda maior causa de incidência de doenças em países de renda média e a terceira maior em países de baixa renda até 2030, segundo a OMS.

Entre os problemas prioritários de saúde mental, além da depressão estão a psicose, o suicídio, a epilepsia, as síndromes demenciais, os problemas decorrentes do uso de álcool e drogas e os transtornos mentais na infância e adolescência. Nos casos de crianças com quadros psiquiátricos, estas tendem a enfrentar dificuldades importantes no ambiente familiar e escolar, além de problemas psicossociais, o que por vezes se estende à vida adulta.

Considerando tanto os declínios próprios do desenvolvimento normal quanto os prejuízos decorrentes dos transtornos mentais, torna-se necessária a criação de programas de intervenções que possam minimizar o impacto dessas condições. No escopo das ações, estas devem contemplar programas voltados para os treinos cognitivos, habilidades socioemocionais e comportamentais.

Com base nesta argumentação, o Serviço de Psicologia e Neuropsicologia do Instituto de Psiquiatria do Hospital das Clínicas da Faculdade de Medicina da Universidade de São Paulo, em parceria com a Editora Manole, apresenta a série Psicologia e Neurociências, tendo como população-alvo crianças, adolescentes, adultos e idosos.

O objetivo desta série é apresentar um conjunto de ações interventivas voltadas para pessoas portadoras de quadros neuropsiquiátricos com ênfase nas áreas da cognição, socioemocional e comportamental, além de orientar pais e professores.

O desenvolvimento dos manuais da Série foi pautado na prática clínica em instituição de atenção a portadores de transtornos mentais por equipe multidisciplinar. O eixo temporal das sessões foi estruturado para 12 encontros, os quais poderão ser estendidos de acordo com a necessidade e a identificação do profissional que conduzirá o trabalho.

Destaca-se que a efetividade do trabalho de cada manual está diretamente associada à capacidade de manejo e conhecimento teórico do profissional em relação à temática a qual o manual se aplica. O objetivo não representa a ideia de remissão total das dificuldades, mas sim da possibilidade de que o paciente e seu familiar reconheçam as dificuldades peculiares de cada quadro e possam desenvolver estratégias para uma melhor adequação à sua realidade. Além disso, ressaltamos que os diferentes manuais podem ser utilizados em combinação.

CONTEÚDO COMPLEMENTAR

Os *slides* coloridos para uso nas sessões de atendimento estão disponíveis no *site:*

manoleeducacao.com.br/conteudo-complementar/saude

(*Voucher*: CONCENTRACAO)

Durante o processo de edição desta obra, foram tomados todos os cuidados para assegurar a publicação de informações técnicas, precisas e atualizadas conforme lei, normas e regras de órgãos de classe aplicáveis à matéria, incluindo códigos de ética, bem como sobre práticas geralmente aceitas pela comunidade acadêmica e/ou técnica, segundo a experiência do autor da obra, pesquisa científica e dados existentes até a data da publicação. As linhas de pesquisa ou de argumentação do autor, assim como suas opiniões, não são necessariamente as da Editora, de modo que esta não pode ser responsabilizada por quaisquer erros ou omissões desta obra que sirvam de apoio à prática profissional do leitor.

Do mesmo modo, foram empregados todos os esforços para garantir a proteção dos direitos de autor envolvidos na obra, inclusive quanto às obras de terceiros e imagens e ilustrações aqui reproduzidas. Caso algum autor se sinta prejudicado, favor entrar em contato com a Editora.

Finalmente, cabe orientar o leitor que a citação de passagens da obra com o objetivo de debate ou exemplificação ou ainda a reprodução de pequenos trechos da obra para uso privado, sem intuito comercial e desde que não prejudique a normal exploração da obra, são, por um lado, permitidas pela Lei de Direitos Autorais, art. 46, incisos II e III. Por outro, a mesma Lei de Direitos Autorais, no art. 29, incisos I, VI e VII, proíbe a reprodução parcial ou integral desta obra, sem prévia autorização, para uso coletivo, bem como o compartilhamento indiscriminado de cópias não autorizadas, inclusive em grupos de grande audiência em redes sociais e aplicativos de mensagens instantâneas. Essa prática prejudica a normal exploração da obra pelo seu autor, ameaçando a edição técnica e universitária de livros científicos e didáticos e a produção de novas obras de qualquer autor.

INTRODUÇÃO

O conceito de função executiva

O termo função executiva passou por várias revisões ao longo dos anos. As formas de atividades conscientes devem ser apontadas como sistemas funcionais complexos e a sua localização não deve ser estabelecida de forma rígida, mas levando em conta que é um sistema randomizado e complexo[1].

Função executiva diz respeito a um conjunto de processos cognitivos que incluem iniciação, inibição de comportamentos, raciocínio verbal, resolução de problemas, planejamento de ações, sequenciamento, automonitoramento, flexibilidade cognitiva e tomada de decisão, entre outros. Dessa maneira, essas funções controlam e organizam o comportamento humano em benefício de um objetivo específico[2].

As funções executivas abrangem vários comportamentos, sendo então divididas em funções frias e quentes. As primeiras referem-se a aspectos lógicos e abstratos, não dependendo da ativação emocional para seu desempenho afetivo; já as funções quentes estão correlacionadas a aspectos relacionados à emoção, envolvendo de forma direta a regulação de comportamentos sociais e de conflitos. Essa diferenciação em funções quentes e frias também está relacionada ao lado do cérebro em que estão localizadas: as quentes estão associadas às regiões ventrais e mediais, enquanto as funções frias estão relacionadas à região dorsolateral do córtex pré-frontal[3].

Tomada de decisão: uma função executiva

Segundo Bechara[4], a tomada de decisão é uma das várias funções executivas que o ser humano tem para auxiliar seu comportamento e é uma das funções mais importantes, pois auxilia-o a conviver em sociedade, ou seja, ajuda a emitir comportamentos mais assertivos e está devidamente interligada com a funcionalidade do córtex pré-frontal, de modo que, com qualquer alteração nessa porção do cérebro, os comportamentos do sujeito podem sofrer alterações. Com base na classificação já descrita, essa função está correlacionada como uma "função quente", pois nela são envolvidas as questões de sentimentos.

De acordo com Butman e Allegri[5], a tomada de decisão pode ser definida como a capacidade de escolher uma determinada opção de resposta entre muitas opções disponíveis, em um momento específico e uma determinada situação. Assim, para que o sujeito consiga ter essa capacidade de decisão, torna-se necessário o conhecimento da situação, a identificação das opções de ação, e a previsão mínima das consequências imediatas ou futuras de cada uma das ações como opção de escolha.

Para Cardoso e Cotrena[2], a tomada de decisão é concebida como função cognitiva essencial para que o sujeito tenha uma interação adequada no contexto social. Outro ponto que esses autores ressaltam é a definição dessa função para a psicologia cognitiva, definindo como a capacidade de optar entre várias opções de resposta e ressaltando que, para essa capacidade de escolha, o sujeito se utiliza da lógica formal para auxiliá-lo na resolução de problemas.

A tomada de decisão foi muito estudada ao longo do tempo, porém Antônio Damasio em meados dos anos 1990 começou a estudar a tomada de decisão e a maneira como ela impacta na vida diária do ser humano, assim percebendo que, juntamente com a tomada de decisão, há fatores denominados marcadores somáticos[5].

Segundo Damasio, esses marcadores somáticos são alterações corpóreas espontâneas, compreendidas como modificações vegetativas, neuroendócrinas, musculares, que auxiliam para uma tomada de decisão mais favorável em longo prazo. Assim, esses marcadores somáticos são influenciáveis por associações das experiências de vida do sujeito ao longo de sua vida, tanto as atuais quanto as passadas, passando a atuar como sinais de alerta, não conscientes, que têm a capacidade de expandir a precisão e acabam influenciando o processo de tomada de decisão, ao adiantar as possíveis consequências de uma determinada ação.

Segundo o autor citado, o comportamento de tomar uma decisão está intrinsecamente ligado aos processos atencionais e à memória operacional. Isso ocorre porque os sistemas que coordenam ambos estão localizados no córtex pré-frontal e essa porção do cérebro está ligada a todo o resto da massa encefálica. A memória operacional está ligada à tomada de decisão, porque ela ajudaria o sujeito a recordar estímulos anteriormente vividos, naquele momento em que está sendo exigida essa habilidade[4].

De acordo com Damasio, encontramos autores como Mischel[6], que considera que a atenção está intimamente ligada à tomada de decisão e às funções executivas, pois auxiliaria o indivíduo a esfriar os seus impulsos e, assim, passar a pensar e concentrar a atenção, conseguindo flexibilizar-se e alcançar os seus objetivos.

Para que essa função possa ser avaliada, Bechara e Damasio[4] criaram uma tarefa chamada *Iowa Gambling Task* (IGT), um jogo de cartas que tem o objetivo de avaliar as habilidades de tomada de decisão a partir de uma situação da vida cotidiana.

Treino em tomada de decisão

Os treinos de uma forma geral são um dos componentes que, se integrados e bem organizados, permitem desenvolver propostas de reabilitação. O treino de tomada de decisão constitui-se como um dos componentes a serem considerados dentro de uma proposta de estimulação ou reabilitação das funções executivas. A reabilitação torna-se assim um processo mais complexo e integrado do que o treino e envolve o desenvolvimento de estratégias internas e externas, a modificação do ambiente, a orientação e a mudança de manejo de familiares ou cuidadores e a intervenção farmacológica[7].

Em acordo com a proposta acima citada, autores como Wilson[9] referem que a reabilitação é um termo mais amplo que tem como objetivo auxiliar na adaptação do sujeito no ambiente onde ele está inserido, após alguma lesão cerebral ou devido a dificuldades decorrentes de transtornos psiquiátricos. Dessa forma, a reabilitação objetiva resgatar a capacidade de o sujeito processar, interpretar e conseguir apresentar uma resposta adequada aos estímulos do ambiente e também fazê-lo criar estratégias e procedimentos para compensar as funções perdidas, necessárias nos ambientes familiar, social, educacional e ocupacional. A reabilitação com enfoque cognitivo visa a restabelecer a memória, a linguagem, a motricidade e as funções executivas.

Já o treino cognitivo, se usado de forma isolada, permite que seja utilizado em diversas situações uma vez que a capacidade focada é necessária para a regulação e mehora do comportamento final. Pode ser utilizada de forma a estimular ou aprimorar a capacidade-alvo[10].

Uma das técnicas mais utilizadas para a estimulação das funções executivas é a *Goal Management Training* (GMT), que tem como objetivo gerenciar as tarefas a partir de cinco passos denominados "pensamentos básicos":

- Parar e pensar em um objetivo.
- Definir um objetivo (tarefa).
- Enumerar os passos necessários para chegar ao objetivo.
- Organizar e memorizar os passos.
- Checar se está realizando tudo corretamente como pretendido - meta-monitoramento[7].

Segundo Sohlberg e Matter[10], a função executiva desenvolve-se conforme a criança/adolescente vai crescendo, permitindo assim utilizar o processo de maturação cerebral em áreas pré-frontais.

ESTRUTURA DO TREINO DE TOMADA DE DECISÃO

Este trabalho denominado *Estimulação da capacidade de tomada de decisões* foi elaborado a partir de um projeto institucional no Instituto de Psiquiatria do Hospital das Clínicas da Faculdade de Medicina da Universidade de São Paulo (IPq-HCFMUSP) e seu objetivo foi estruturar um treino cognitivo para auxiliar na reabilitação/estimulação no processo de tomada de decisão de pais e adultos acompanhados no serviço. Foi desenvolvido em doze sessões com atividades que proporcionem o treino e a conscientização dessas funções.

Antes de iniciar, é necessário entender a estruturação das sessões. As primeiras três atividades encontradas a seguir referem-se a questões psicoeducacionais que envolvem principalmente a aprendizagem necessária para que um problema possa ser reconhecido e o que pode ser considerado falha no processo de tomada de decisão. As outras seis atividades que se seguem são relacionadas à estimulação da cognição, contendo treinos que favoreçam a atenção, a memória, o raciocínio lógico que são habilidades diretamente relacionadas às funções executivas como um todo, mas são de fundamental importância para a tomada de decisão. Para finalizar, são apresentadas atividades que auxiliam e orientam os participantes na hora de se planejar e tomar decisões.

OBJETIVO

- Apresentar atividades de estimulação cognitiva no processo de tomada de decisão para adultos.
- É indicado que o participante esteja alfabetizado e/ou regularmente matriculado em instituições de ensino e apresentem queixas relativas a dificuldades na tomada de decisão, autonomia, planejamento e baixa assertividade para a faixa etária.

PROCEDIMENTOS

Número da sessão	Atividade	Habilidades requeridas	Objetivo
I	Psicoeducação	Levantamento das dificuldades decorrentes da tomada de decisão e criação de objetivos	Breve discussão do tema, para o acolhimento e estabelecimento de *setting* para o trabalho
2	Discutindo os prós e contras da mudança	Identificação das variáveis que podem ocorrer diante das diferentes escolhas feitas no processo de tomada de decisão	Explanação de como os participantes se sentem realizando essa tarefa e em outros momentos e explicação com exemplos de prós e contras
3	Choque das comparações	Favorecer a reflexão: autopercepção do paciente e percepção do familiar sobre os comportamentos prejudicados	Explanação sobre a importância de esse questionário ser respondido separadamente e da importância da inserção do familiar neste processo
4	Montando frases	Situações da vida diária que estimulam a tomada de decisão	Exemplificações das atividades de vida diária para clarificar e auxiliar o pensamento dos participantes e como eles se sentem diante de cada uma dessas situações
5	Ajudando a dar soluções	Trabalha situações da vida diária que estimulam a tomada de decisão	Orientar os participantes de forma individual em relação às situações propostas; sempre antes verificar o comportamento que os participantes teriam antes de qualquer orientação

(continua)

Número da sessão	Atividade	Habilidades requeridas	Objetivo
6	Jogos para treinar o cérebro	Memória, atenção, concentração, tomada de decisão e raciocínio lógico	Orientar sobre a importância de manter a atenção e a concentração durante o jogo e de conseguir pesar sobre os prós e os contras de cada jogada antes de realizá-la
7	Resolvendo os labirintos	Atenção, memória, concentração, raciocínio lógico e tomada de decisão sobre vários estímulos	Orientar sobre a importância de observar o labirinto antes de iniciar, de manter a atenção e a concentração durante a atividade e de conseguir pesar sobre os prós e os contras antes de realizar cada rabiscada referente ao caminho
8	Quebrando a cuca	Raciocínio lógico, planejamento e tomada de decisão	Propor espaço para os participantes discutirem sobre os prós e os contras das decisões, incentivar a concentração e o raciocínio de forma independente
9	Criando histórias	Criatividade, raciocínio, planejamento, capacidade de julgamento e crítica e tomada de decisão	Exige a discussão e a orientação da importância de criar histórias objetivas e com lógica
10	Pensando na vida diária	Criatividade, raciocínio, planejamento, capacidade de julgamento e crítica e tomada de decisão	Discussão e orientação sobre observar e pensar as duas situações apresentadas. Vale propor relatarem experiências pessoais e deixar o grupo resolver brevemente
11	Ciclo das tomadas de decisões	Planejamento	Retomar a importância de sempre relembrar o ciclo da tomada de decisões e tentar correlacionar a tomada de decisão com uma emoção
12	Situações cotidianas para se planejar	Planejamento, tomada de decisão e raciocínio lógico	Retomar a importância de sempre relembrar e usar o ciclo da tomada de decisões e tentar correlacionar a tomada de decisão com uma emoção

DICA PARA O MEDIADOR

Considere que os pais são modelos quanto a regulação dos comportamentos das crianças. Os temas trabalhados neste treino têm por finalidade instrumentalizá-los quanto a recursos para que possam ajudar seus filhos no planejamento de situações cotidianas, nas quais é preciso tomar decisões.

Para tanto é importante que o profissional que esteja na condução do grupo também seja um modelo para eles, o que significa ficar atento para posturas ponderadas quando for necessário intervir em alguma colocação feita pelos participantes. Críticas devem ser evitadas, abrindo espaço para questionamentos que promovam uma atitude reflexiva. Em alguns momentos, pode ocorrer "um desvio" dos assuntos alvos das sessões, sendo necessário fazer a ligação entre o comentário expresso daquele momento e o tema abordado.

Trabalhar com pais é lidar com expectativas e ansiedades. Neste sentido, quando o trabalho é apresentado, os mesmos acreditam que aquilo ajudará de fato a lidar com as crianças, então é necessário explicar que todas as informações passadas irão se acomodar com o tempo, na vida diária de cada um. Por outro lado, há pais que percebem as intervenções como algo arbitrário, algo relacionado a "treinamento e ensinamentos", sendo necessário tranquilizá-los e demonstrar que o objetivo do grupo é informar e promover uma reflexão e o desenvolvimento de melhores estratégias em situações conflituosas nas quais precisam tomar uma decisão

SESSÕES

SESSÃO 1 – PSICOEDUCAÇÃO

- Apresentar a estrutura do grupo aos participantes.
- Explicar o que é tomada de decisão.
- Observar as expectativas dos participantes em relação ao grupo.
- Sensibilizar com relação à importância da tomada de decisões no cotidiano das pessoas.

Slide 1.1

É necessário o mediador explicar aos participantes do grupo sobre como serão esses 12 encontros, investigando primeiro as ideias que eles trazem. Deste modo, é interessante perguntar: "o que vocês esperam destes encontros? O que vocês entendem sobre tomada de decisão?"

O mediador pode promover uma conversa com o grupo, podendo assim tirar dúvidas que podem aparecer sobre o grupo e explicar que a participação ativa (fazendo comentários) é muito importante neste momento.

Slide 1.2

Explicar que este grupo tem como objetivo falar sobre situações do cotidiano dos participantes, sobre como eles se percebem tomando decisões no dia a dia. As situações que serão expostas durante as sessões poderão representar como os participantes se sentem e, caso se sintam à vontade, eles poderão dar exemplos de situações da vida deles.

É necessário deixar claro que não há respostas certas ou erradas, mas é indicada a importância da participação de todos.

Slide 1.3

Para que eles entendam minimamente o funcionamento do grupo, o mediador deve ler o exemplo de uma situação do cotidiano das crianças que está no *slide* e perguntar o que elas fariam se fossem a pessoa do exemplo.

"Você está no seu primeiro dia de trabalho. De manhã, você fez amizade com uma pessoa, que lhe chamou para almoçar, mas agora você acabou de ser chamado por outra pessoa, o que fazer?"

Após a resposta, enfatizar que, para darem a resposta, eles tiveram que tomar uma decisão sobre o que fazer.

Dica para o mediador

Neste momento o mediador pode enfatizar que há diversas situações que ocorrem na vida, desde decisões mais simples e automatizadas, como esta acima, e decisões complexas. O treino proposto parte do princípio de progressão, começando de decisões simples até algo mais complexo.

Se algum participante achar complexa esta decisão, o mediador pode estimular o grupo quanto ao oferecimento de possíveis decisões, para que ele possa avaliar quais para ele são mais pertinentes.

Exemplos de respostas dadas por adultos em situação de grupo

Exemplo 1:

- "Chamar os dois para almoçarem comigo, assim não magoo nenhum dos dois." Neste tipo de resposta, o mediador deve reforçar a resposta do participante, pois é coerente e próxima de um comportamento adaptativo, salientando que as pessoas podem ter as suas escolhas, como aceitar ir todos juntos ou não.

Exemplo 2:

- "Almoçaria somente com a pessoa que me chamou e não iria almoçar com a outra pessoa." Neste exemplo de resposta, o mediador deve questionar:
- "Você acredita que esse comportamento te trará benefícios nas relações?"

- "O que você pensa sobre a possibilidade de juntar os dois colegas de trabalho neste almoço?"
- "Você acha que seu novo amigo ficaria chateado?"
- "O que seu primeiro amigo acharia da sua atitude?"

Exemplo 3:

- "Eu não faria nada!" Quando uma resposta assim aparece, o mediador deve chamar e colocar o participante, na situação, e questioná-lo:
- "Como o(a) senhor(a) agiria para ajudar a resolver o problema?" Neste exemplo em específico, o mediador deve auxiliar o participante a instigar a resolver essa situação de forma coerente e mais próxima de comportamentos adaptativos.

Slide 1.4

Explicar que neste momento é importante que eles respondam a Escala Likert de Apoio. O mediador pede a eles que parem e reflitam sobre o seu dia a dia em cada resposta dada. Nesse momento será realizada a escala de apoio. Para respondê-la é necessário que os participantes pensem nas situações do cotidiano.

O mediador pode utilizar a Escala de Apoio (Anexo A) nesta primeira sessão e reaplicá-la na última sessão. O objetivo desta coleta de dados é aproximar o mediador do seu grupo, conhecendo as características que são contempladas na escala. O mediador poderá quantificar as respostas para identificar mudanças de comportamento/pensamento nos participantes do grupo ao final do processo.

Essa Escala de Apoio também é um instrumento que pode auxiliar para conhecer o tipo de público com que você está trabalhando, servindo como norteador das intervenções.

Dica para o mediador

É necessário que possamos conhecer as dificuldades de cada participante e o nível de consciência referente as mesmas. Em contrapartida, se você pegar um grupo no qual irá responder a Escala de Apoio indicando que discorda de tudo, você terá que ser mais cauteloso durante as mediações. Uma sugestão é que o mediador convide o participante a esperar o próximo passo.

É importante lembrar que essa Escala de Apoio foi montada pensando em uma escala Likert, na qual são apresentadas 10 perguntas que o participante lê e pensa no quanto cada uma lhe representa e assinala a alternativa.

Slide 1.5

Neste momento o mediador tem que deixar claro que o assunto enfatizado nesses 12 encontros é a tomada de decisão, podendo realizar a seguinte pergunta também para os participantes: "Como fazemos as nossas escolhas?".

Slide 1.6

Este *slide* é utilizado para introduzir e explicar as definições de tomada de decisão (assunto do treino). O mediador deve explicar as definições de tomada de decisão, como essa função se apresenta em nossa vida cotidiana e o motivo de os participantes estarem inseridos neste grupo. As definições de tomada de decisão foram retiradas de Bechara e Damasio[11].

Reforçando conceitos com o mediador

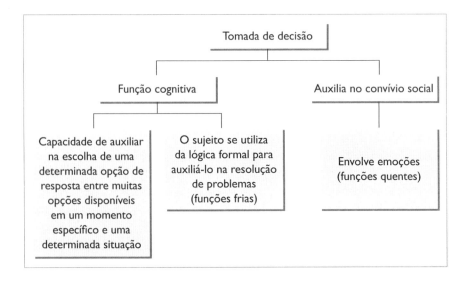

Slide 1.7

Aqui é o momento de explorar possíveis falhas na tomada de decisão com o grupo. Você pode enumerar estas três dificuldades, mas, se sentir à vontade, pode explanar mais algumas áreas. A seguir, um exemplo de explicação com o *slide*:

"As dificuldades em se organizar e planejar estão relacionadas a dificuldades de entender os diferentes passos lógicos para realizar atividades práticas. Para muitas pessoas, essa dificuldade leva ao não cumprimento da tarefa, ao adiamento de sua realização, aos sentimentos de menos valia e de desempenho abaixo do esperado."

Os prejuízos ao funcionamento causado por falhas de organização e planejamento influenciam na tomada de decisão e podem acarretar dificuldades nos ambientes familiar, laboral e social.

Nesse momento, é frequente aparecer reações dos participantes: "Sou eu! Parece comigo!".

Slide 1.8

Agora é o momento de exemplificar as dificuldades e começar a preparar o grupo para a tarefa em si. Leia a tabela e no final questione se conseguem se identificar com as situações.

Incentive, explicando para os participantes que essas dificuldades podem ocorrer, que aquelas que você está pontuando são as mais comuns e que você estará lá para conversar com eles sobre exatamente isso.

Slide 1.9

Aqui o mediador pode perguntar ao grupo como eles se sentem diante dessas situações e causar uma breve discussão, para verificar se os participantes estão se identificando com as explicações dadas até o presente momento.

Aqui também podem surgir discussões que levam à tabela do *slide* 1.8, assim tendo que reforçar que essas dificuldades são recorrentes quando não se consegue tomar uma decisão.

O mediador sempre deve oscilar nos exemplos, verbalizando conteúdos que abrangem a vida diária dos participantes.

Aqui também o mediador deve acolher o grupo, pois é o momento em que todos começam a perceber que têm dificuldades de se planejar, de escolher e fatidicamente de tomar uma decisão de forma correta.

Dica para o mediador

Quando falamos em acolher, estamos falando em incentivar os participantes a continuar no grupo, porque estas ansiedades poderão ser "trabalhadas" no decorrer do processo.

Slide 1.10

Neste *slide,* o mediador faz perguntas abertas ao grupo, como forma de indagação/provocação, para incentivar o grupo para a tarefa que virá adiante. É algo simples como forma de motivar o grupo a se empenhar na tarefa.

- "Você gostaria de encarar as tarefas cotidianas de forma diferente?"
- "Outras pessoas comentam sobre a forma como você realiza suas atividades? Que adjetivos são usados? Onde você observa dificuldades?"
- "Agora que você conhece o que é tomada de decisão, você acha que tem dificuldade nessa área?"

Slide 1.11

Neste momento, o mediador deve sugerir e apresentar pela primeira vez o modelo para tomar uma decisão, adaptado pelo *Goal Management Training* (GMT). Assim, começa-se a introduzir o conceito principal para uma boa resolução de problemas tentando minimizar conflitos.

"O que você acha se diante de uma dificuldade a gente fizesse este passo a passo? Você acha que funciona?"

Pode ocorrer que nesse momento os participantes se admirem ou demonstrem que de fato eles não pensam assim no dia a dia, começando então a ter a sensibilidade de que esse esquema é possível de se utilizar na vida cotidiana com seus filhos e até mesmo em suas próprias vidas.

Slide 1.12

O mediador neste momento pode brincar falando: "Chega de conversar e vamos pôr a mão na massa. Ou como todos dizem, vamos trabalhar."

Dica para o mediador

Conforme propormos uma atividade, os participantes podem apresentar certa resistência, falando que estão cansados por conta da sua rotina, pela rotina de cuidar dos filhos, então neste momento é necessário incentivar os participantes do grupo a realizar a atividade.

Slide 1.13

Para realizar esta tarefa o mediador irá precisar de:

- Lápis ou caneta.
- Escala de Apoio (Anexo A).
- Folhas de papel sulfite.
- Recuperando a Atividade (Anexo G).
- Ciclo da Tomada de Decisão (Anexo E).

Slide 1.14

Distribuir as folhas de papel sulfite e instruir que eles façam a lista pensando no que eles esperam do treinamento. Devem então fazer uma lista com os objetivos que eles desejam alcançar com essas intervenções.

Comando: "Agora eu quero que vocês elaborem uma lista de desejos, do que vocês acreditam que possam alcançar com este grupo ou de como ele será. Darei 5 minutos para isso."

Slide 1.15

Antes de iniciar de fato a tarefa, o mediador deve relembrar o passo a passo sugerido, ou seja, o ciclo da tomada de decisão, e orientar para que eles tentem fazer a tarefa, sempre lembrando desse breve esquema, e que percebam se ele ajuda ou atrapalha na hora de construção da lista. No final o mediador pode reforçar que esse esquema pode ser usado em todas as tarefas de tomada de decisão.

Slide 1.16

É importante incentivar que todos os participantes realizem a tarefa, utilizando as frases motivacionais. Mas pode ocorrer de algum dos participantes não querer fazer a tarefa solicitada. Nesse momento o mediador deve reforçar e incentivar a participação de todos, dizendo que eles conseguem.

Aqui neste exemplo o mediador deve explicar novamente a importância de ter claros os objetivos da tarefa e sua importância. O aplicador tem que ser claro sobre seus objetivos, para que consiga chegar ao final da tarefa.

Também pode acontecer de os participantes não entenderem o comando, por exemplo: "Como assim, criar uma lista?". Responder: "De como será o grupo, como tomar decisões mais rápido, saber argumentar as suas escolhas, não ter medo de demonstrar as opiniões ou se você acredita que pode alcançar algum objetivo por meio do grupo..."

Slide 1.17

O participante sempre irá nutrir alguma expectativa em relação ao grupo, mas é necessário falar que também podem aparecer dificuldades. Nesse momento, deve-se introduzir a pergunta: "Vocês acham que podem surgir dificuldades durante as nossas tarefas?".

Aqui o mediador terá que lidar com as possíveis frustrações que ocorram, pois essa pergunta pode despertar o sentimento de fracasso, de que eles não vão conseguir realizar a tarefa proposta. Caberá ao mediador acalmá-los e falar: "Tudo é um processo e estamos aqui para construir esse processo juntos".

No grupo experimental foi observado que os acompanhantes indagavam perguntas, por exemplo, se há remédio para a tomada de decisão, se de fato o grupo ia resolver as dificuldades com seus filhos. A resposta a ser dada nesses casos é: "O remédio não existe ou há medicações que podem até auxiliar a melhorar o processo, mas há também o nosso 50% envolvido no processo. Entretanto, se pegarmos essas dicas dadas aqui e as transpormos para nossa vida diária, há como identificar mudanças. A repetição é o melhor caminho a ser feito".

Slide 1.18

Neste primeiro momento você pode pedir para eles realizarem uma lista com cinco dificuldades que eles sintam durante o dia a dia deles. Caso percebam timidez ou medo de se expor para o grupo, você pode pedir para eles relembrarem cinco dificuldades do quadro apresentado anteriormente.

Slide 1.19

Neste *slide*, o mediador mostra que o processo de tomada de decisão também está ligado a atenção, memória e aprendizagem e que, quando eles estão com dificuldade nessas áreas, isso pode indicar também um prejuízo na tomada de decisão.

Dica para o mediador

Conforme mostramos para os participantes como as funções cognitivas estão interligadas, surgem muitas dúvidas de memória, como o exemplo a seguir:

- Participante do grupo com idade entre 30 e 35 anos.

Participante: "Estou tendo problemas de memória direto, sempre falo que vou fazer determinada coisa e quando chego no ambiente, paro e penso o que eu vim fazer aqui, aí não consigo recordar e quando eu volto para o lugar que eu estava eu me lembro do que fui fazer ali!"

Mediador: "E como você se sente nestes momentos?"

Participante: "Eu me sinto muito mal, parece que vai me dando brancos!"

Mediador: "Lógico que há tarefas que vão aparecendo conforme o nosso dia vai acontecendo, mas o diferencial é vocês, conforme acordarem, escreverem uma lista de afazeres por ordem de prioridade para o dia a dia, assim vocês não deixam passar batido as principais atividades que têm para fazer."

Slide 1.20

Neste *slide*, para começar a finalização da atividade, o mediador tem que expor que às vezes eles também sentem dificuldades em decidir algo, pois a sua atenção pode estar voltada para outra atividade ou pensamento que não tem nada a ver com o momento. Assim eles se dispersam e não conseguem prestar atenção no que está sendo pedido[11].

Exemplo: aqui, você pode estar olhando para mim, mas pensando em qualquer outra coisa, ou seja, sua atenção não está voltada para o que estamos fazendo.

O mediador deve completar que, às vezes, a memória pode falhar, por exemplo, quando eles esquecem a ordem dada ou o que lhes foi pedido e, por isso, na hora de escolher ou tomar a decisão, não conseguem decidir[11].

Exemplo: se você não está tendo a atenção direcionada ao grupo, quando eu pedir para você lembrar cinco itens da tabela sobre as dificuldades, você não lembrará o que eu falei.

Dificuldades no processo de aprendizagem também podem ocorrer. Deste modo, se você tem um prejuízo na tomada de decisão automaticamente a atenção, memória e aprendizagem estarão prejudicadas.

Ao longo das sessões os participantes poderão identificar a sua dificuldade e a partir disso melhorar o rendimento nesses processos.

Exemplo: "Se você não está mantendo atenção na atividade, terá dificuldade para armazenar a informação e evocar posteriormente, tanto no curto prazo quanto no longo prazo, o que prejudica diretamente a aprendizagem."

Slide 1.21

Neste *slide*, o mediador tem que deixar claro aos participantes que os conceitos apresentados previamente apresentam um funcionamento interligado, mas, para facilitar a compreensão, é feita a divisão nos conceitos. Sendo assim, quando um deles está prejudicado, todo o sistema é afetado.

Quando não se consegue decidir de forma correta, esse fato irá interferir na vida. No caso das crianças, isso pode aparecer no processo de aprendizagem, que é a escola.

Para explicar tudo o que foi falado acima, o mediador pode verbalizar: "A atenção, a memória e a aprendizagem são processos que precisamos utilizar para compreender uma situação e decidir o que e como fazer, sendo necessários para se tomar uma decisão."

Slide 1.22

A utilização do Recuperando a Atividade (Anexo G) é uma forma de o mediador reforçar essas três funções e ir começando a estimulação para que esses processos que iremos trabalhar se fixem e se tornem automáticos para os participantes a longo prazo.

Dica para o mediador

Algumas vezes, nos grupos experimentais, em vez de as respostas serem dadas de forma individual nas folhas entregues aos participantes, a discussão foi mais enriquecedora quando as perguntas eram lidas e o grupo ia respondendo, promovendo assim um momento de discussão e reflexão.

Contudo, é importante ressaltar que é interessante apresentar as folhas impressas para serem respondidas individualmente, pois assim é possível comparar a evolução ao longo das sessões.

SESSÃO 2 – DISCUTINDO OS PRÓS E CONTRAS DAS MUDANÇAS

- Demonstrar que toda decisão tem prós e contras.
- Falar sobre consequências de curto e longo prazo.
- Falar sobre consequências.

Slide 2.1

Para iniciar a Sessão 2, o mediador pode aplicar o Termômetro (Anexo B), por meio do qual se pode saber quais são as expectativas para essa tarefa e também quebrar um pouco o gelo para não chegar já realizando a tarefa.

Dica para o mediador

Observou-se, nos grupos experimentais, que essa atividade é bem flexível, então, em vez de aplicar o termômetro usando folhas de papel, o mediador pode também promover uma roda de conversa e perguntar ao grupo: "No dia de hoje, como vocês estão se sentindo para tomar uma decisão?" [Ansiosos, felizes, nervosos, tristes, tranquilos, indecisos.]

Entretanto, a vantagem de se aplicar em papel é que o mediador poderá juntar todos os termômetros preenchidos e comparar as respostas ao longo das sessões.

Slide 2.2

Neste momento podemos conversar um pouco com os participantes do grupo. Conforme eles forem fazendo o termômetro, pode acontecer de um dos participantes falar: "Não sei como estou me sentindo!"

O papel do mediador é incentivar a participação e estimular para que olhem para si. Assim podemos falar: "Perceba-se. Como você está? De alguma forma você está se sentindo!"

Slide **2.3**

Dada a frase no *slide* "ficar irritado e decidir por impulso, fazer o trabalho escolar de qualquer jeito. Isso dá certo ou errado?", o mediador a lê e pergunta aos participantes o que eles acham, questionando se essa conduta dá certo ou errado.

Neste momento o grupo irá dizer o que eles pensam sobre as respostas imediatas e como eles percebem as consequências dessas situações.

Slide **2.4**

Neste momento o aplicador apresentará a ideia de que uma resposta imediata pode prejudicar a realização de planos de longo prazo.

O mediador deve introduzir a noção de comportamentos de longo *versus* curto prazo e que sempre há consequências nas duas escolhas.

Nos grupos experimentais ocorreram diversos tipos de resposta, como os que se seguem.

Exemplo 1:

- "É uma solução, mas talvez não a certa!" Aqui o mediador deve ir esmiuçando o que o grupo vem trazendo, como:
- "Por que vocês acham que não é o certo ainda?" Permaneça conversando com o grupo, deve ser uma discussão em que eles naturalmente vão achando os prós e contras da situação.

Exemplo 2:

- "Com certeza não é o certo a se fazer!" Nesse exemplo o mediador reforça esse tipo de resposta, pois é a mais próxima de comportamentos adaptativos.

Exemplo 3:

- "Está certo isso aí, eu não mudaria nada!" Em um dos grupos experimentais, um dos participantes respondeu este diálogo. Nesse momento, o mediador deve tentar entender o porquê dessa resposta, perguntando:

- "Por que você acha que está certo?"
- "Mas você não teria que refazer a tarefa depois?"
- "Você resolveu o seu problema de uma vez por todas?" Se a resposta persistir, temos que trazer o participante para a discussão, perguntando-lhe:
- "Como você resolveria essa situação?"
- Tente explicar para ele por que não é correta essa solução para a situação: "Você acha que essa tomada de decisão te beneficia ou atrapalha?"

Slide 2.5

Apresentar os prós e contras antes de agir a partir do exemplo da lição de casa. Essa orientação deve ser usada para as escolhas do cotidiano, assim, eles irão generalizar o aprendizado das sessões.

Neste *slide*, o mediador apresenta as vantagens de realizar uma tarefa desse modo, por exemplo, a pessoa que solicitou a tarefa vai achar que está tudo feito, assim evitando conflitos entre você e ela. Neste momento pode-se abrir uma breve discussão para este assunto e deixar o grupo começar a elucubrar para esse recorte da vida cotidiana.

Slide 2.6

Neste *slide*, o mediador irá trazer as consequências negativas, mostrando que essa atitude pode prejudicar em longo prazo a impressão causada na pessoa que solicitou algo, desta maneira causando impressões sobre o seu desempenho.

Neste momento pode ocorrer de os participantes questionarem o que foi falado, assim, o mediador terá que ir respondendo esses questionamentos, salientando que as perguntas sempre devem ser devolvidas ao grupo, para causar uma reflexão, perguntando: "O que o grupo acha?"

Slide 2.7

Agora você deve falar que irão começar a atividade do dia e que é muito importante que eles se empenhem para que tudo dê certo no final. Motive-os sempre.

Slide 2.8

Separar previamente antes do grupo:

- Tabela dos Pensamentos (Anexo F).
- Lápis ou caneta.
- Folha Recuperando a Atividade (Anexo G).
- Ciclo da Tomada de Decisão (Anexo E).

Slide 2.9

Neste momento o mediador irá pedir para os participantes do grupo pensarem em alguma situação que eles estejam vivendo e criarem uma lista de prós e contras da situação que eles querem decidir.

Slide 2.10

Para ajudar na compreensão de como será essa tabela de prós e contras é importante o mediador fazer uma atividade com os participantes para eles visualizarem e entenderem como fazer na hora em que estiverem sozinhos. O mediador lê para o grupo a situação criada para praticar.

Conforme você propuser a atividade, mostrar a folha e explicar como realizá-la. Você poderá tomar dois rumos para a condução do grupo.

- Opção A: pedir que eles façam de forma individual.
- Opção B: pedir para eles fazerem em grupo ou duplas.

Nos grupos experimentais o grupo fluiu realizando a tarefa no sistema de duplas.

Slide 2.11

Aqui o mediador apresenta as opções disponíveis para a resolução do problema, sempre questionando os participantes sobre as opções apresentadas.

Dica para o mediador

Pode ocorrer (geralmente ocorre) dos participantes do grupo darem mais exemplos de resoluções do problema. Conforme isso for ocorrendo, o mediador deve incentivar e trabalhar com essas novas hipóteses que eles vão criando.

Slide 2.12

Neste momento o mediador apresenta o que eles devem fazer na atividade, verbalizando: "Como colocamos essa breve situação e suas opções na nossa tabela? Vamos tentar juntos?"

Dica para o mediador

Neste momento o mediador deve enfatizar que toda e qualquer decisão na vida tem os prós e contras da situação vivida. Levantar as possibilidades de cada decisão pode gerar sentimentos vividos ou lembranças de situações anteriores. É importante que possamos ter a consciência desses pensamentos e dessas decisões.

Slide 2.13

O mediador deve solucionar a situação dada nos *slides* anteriores, demonstrando como eles devem fazer na próxima parte da tarefa.

Slide 2.14

O mediador apresenta a folha dos prós e contras em branco, sem resolução, para que eles consigam visualizar que essa folha pode ser usada em qualquer situação.

Slide 2.15

Devem-se abrir as possibilidades de discussão sobre impressões gerais de como foi realizar a atividade. Neste momento é importante verificar como eles se sentiram e realizar troca de experiências entre o grupo com a leitura da decisão de cada pessoa.

Dica para o mediador

Durante a aplicação nos grupos experimentais surgiram falas como:

- "Me senti estranho!"
- "Nunca pensei que todas as situações têm coisas boas e ruins!"
- "Achei difícil! Pensei que seria mais fácil!"

A condução neste momento vai depender da condução que o grupo der para essa indagação do mediador e também da sensibilidade do mediador em perceber qual assunto ainda é mais sensível para o grupo discutir.

Slide 2.16

Neste momento você deve questionar o grupo de como foi fazer a tarefa solicitada.

"Agora que você já sabe os prós e contras, é mais fácil de tomar a decisão?"

Nos grupos experimentais ocorreu de os participantes se apropriarem mais desse momento, assim o mediador pode ouvi-los. O interessante é que começam a aparecer exemplos da vida diária do grupo.

Em seguida o mediador deve verbalizar a seguinte dica "sempre que tiverem em dúvida do que escolher, façam essa lista de prós e contra".

Slide 2.17

Sugerir para o grupo que, para sabermos os prós e os contras das decisões a serem tomadas, também precisamos pensar previamente.

O mediador deve ler o esquema do Ciclo da Tomada de Decisão (Anexo E), que facilita a tomada de decisão.

Slide 2.18

Finalizar com o Recuperando a Atividade (Anexo G).

SESSÃO 3 – CHOQUE DAS COMPARAÇÕES

- Estimular a participação dos familiares no grupo de estimulação cognitiva.
- Promover a conscientização da importância do uso das informações aprendidas no grupo nas situações do cotidiano.
- Promover conscientização de parcerias entre familiares e participantes do grupo.

Slide 3.1

Para iniciar a Sessão 3, o mediador pode aplicar o Termômetro (Anexo B), por meio do qual se pode saber quais são as expectativas para essa tarefa e também quebrar um pouco o gelo para não chegar já realizando a tarefa.

Slide 3.2

O objetivo é que os participantes percebam a importância de discutirem e refletirem juntos os problemas do cotidiano para que juntos possam tomar as decisões levando em consideração todos os pontos de vista.

Para isso, o mediador inicia a sessão questionando se o participante acredita que sua participação no grupo pode refletir no dia a dia com o seu filho e auxiliá-lo a tomar decisões.

Dica para o mediador

Se os participantes do grupo forem pais de crianças, nesta sessão, o mediador pode pedir para eles chamarem seus filhos para participarem da sessão junto com eles.

Slide 3.3

Aqui os familiares que estiverem participando podem se questionar: "Como posso ajudar, se já fiz de tudo e ele não ajuda, não muda?"

O mediador poderá responder de acordo com os questionamentos que surgirem e serem apresentadas estratégias ou intervenções para serem feitas, como forma de promover breve discussão: "Podemos acrescentar pequenas coisas na nossa rotina e na deles, como..."

Slide 3.4

O mediador deve ler para os participantes estas breves estratégias para auxiliar no dia a dia.

- Utilizar agendas/calendários.
- Bilhetes na agenda.
- Exercícios de respiração para acalmar em momentos de acesso de raiva.
- Utilizar o ciclo de tomada de decisão e os prós e contras antes das tarefas.

Slide 3.5

O mediador deverá lembrar que diante de uma situação em que é necessário tomar uma decisão, pode-se sempre fazer os passos do Ciclo da Tomada de Decisão (Anexo E), e, se possível, os responsáveis devem demonstrar isso para as crianças/adolescentes.

O mediador pode solicitar que os participantes deem um exemplo.

Slide 3.6

O mediador deve incentivar a participação do grupo, pois agora é a hora da tarefa propriamente dita.

Slide 3.7

Separar previamente antes do grupo:

- Pensômetro para familiares (Anexo C).
- Pensômetro para participantes do grupo (Anexo D).
- Prós e contras em conjunto.
- Caneta ou lápis.
- Jogo Pega Varetas.
- Folha Recuperando a Atividade (Anexo G).
- Ciclo da Tomada de Decisão (Anexo E).

Slide 3.8

O mediador distribui os Pensômetros (Anexos C e D) com as perguntas voltadas para os familiares e para os participantes do grupo e os auxilia na realização das atividades. Se surgirem pequenas dúvidas, responda-as de forma clara e objetiva. Se for necessário fazer uma grande roda de conversa, não há problemas, desde que todo o grupo se empenhe na tarefa proposta. Eles terão aproximadamente 10 minutos para refletirem.

Neste momento é sempre bom reforçar que haverá participantes com a capacidade de julgamento e crítica mais preservada e outros não, então é fundamental saber lidar com essas diferenças entre os grupos, tentando explicar as perguntas e a tarefa de variadas formas.

Dica para o mediador

O objetivo do pensômetro é que, a partir das perguntas, ambos comecem a refletir sobre suas atitudes, assim começando a fazer uma reflexão mais ampla sobre as suas dificuldades.

Slide 3.9

O mediador deve fazer as perguntas que estão no *slide* e ir mediando as respostas. Lembrando que não devemos tomar partido nem do participante do grupo nem dos familiares e sim mostrar que essas duas partes se encaixam nesse processo que estamos oferecendo e que um precisa do outro.

- "Como foi responder essas perguntas?"
- "Foi fácil ou difícil?"
- "Você percebe nas perguntas algo que se assemelha a sua vida?"

Pode ocorrer de os adolescentes/crianças esboçarem cansaço/falta de paciência no dia a dia por conta dos comportamentos não assertivos dessas crianças/adolescentes, como não aguentarem mais ir ao colégio por conta das reclamações. Nesses momentos o mediador tem que demonstrar empatia pela reclamação e tentar conciliar, sempre verbalizando que eles são peças-chave nessa construção.

Slide 3.10

Aqui oferecemos a proposta de uma ação em conjunto, em que a criança/adolescente e o seu acompanhante realizam uma atividade de tomada de decisão que beneficie ambos. Caso os participantes desejem, são oferecidos alguns temas para atividade:

- Aonde ir no final de semana?
- Que horas fazer a lição de casa?
- Escolher a comida que irão pedir no restaurante.

Slide 3.11

Neste momento o mediador apresenta uma forma de resolução de problema, com uma das sugestões apresentadas para elaborar a tomada de decisão, dadas no *slide* anterior.

Slide 3.12

Neste *slide* são dadas as instruções para os familiares de como auxiliar as crianças/adolescentes na tarefa em questão.

Dicas para o mediador
- Ler o que está no *slide* para o grupo.
- Ajudar a pensar no passo a passo.
- Direcionar o pensamento.
- Auxiliar na tomada de decisão.

Também podemos aproveitar o momento e perguntar: "Essas dicas podem ser utilizadas em casa, por exemplo?"

O mediador neste momento também pode encontrar uma negativa do grupo. Se isso ocorrer, o mediador tem que tentar entender por que o não fazer se torna difícil para o participante, tentando sanar possíveis dúvidas que surjam.

Slide 3.13

Apresentar o exemplo da folha e explicar que eles terão que colocar os prós e contras, tanto do lado dos familiares/acompanhantes quanto do lado do participante do grupo. Salientar que esta é uma decisão para ser realizada em conjunto.

Slide 3.14

Após a realização da atividade, é necessário saber como os participantes se sentiram diante da tarefa, assim devemos questionar:

- "Quais argumentos vocês usaram para decidir em conjunto?"
- "O argumento tinha a intenção de beneficiar somente você?"
- "É fácil se colocar no lugar do outro para achar uma solução que fosse boa para ambos?"

Slide 3.15

Para concretizar a mensagem do grupo, antes do término é interessante a aplicação do jogo Pega Varetas, mas o mediador tem que falar que não é um contra um, mas sim os dois jogando juntos como se fosse eles contra os palitinhos.

Slide 3.16

Dica para o mediador

O mediador deve apresentar as regras do jogo Pega Varetas. O jogo constitui-se por várias varetas coloridas e uma vareta preta. O jogo começa com todas as varetas sendo jogadas ao acaso na mesa, para que os jogadores tentem pegar aquelas de sua respectiva cor. Cada jogador deve, na sua vez, tentar retirar quantas varetas puder sem que nenhuma se mova. Quando essa tentativa for frustrada, passa a ser a vez do próximo jogador. No final do jogo soma-se a pontuação de cada participante (cada cor apresenta um determinado ponto). É indicada a leitura da instrução do seu jogo para verificar a pontuação sugerida pela empresa.

É indicado que o jogo seja realizado em grupos de 2 a 6 jogadores. Caso na sua sessão tenha mais de 6 participantes, uma sugestão que temos é fazer vários grupos menores.

Esse jogo é comercializado no Brasil por inúmeros fabricantes de brinquedo.

Slide 3.17

O mediador deve iniciar o fechamento do grupo questionando: "Como foi o jogo? Um precisou da ajuda do outro na hora de fazer as jogadas? Com as dicas da outra pessoa, ficou mais fácil de mexer os palitos? Você teria conseguido se não tivesse ajuda?"

O mediador deve indicar que, ao realizarem a tarefa juntos, fica mais fácil identificar a jogada certa e o mesmo ocorre nas situações do cotidiano, em que pontos de vista diferentes facilitam a análise dos problemas.

Slide 3.18

Finalizar com o Recuperando a Atividade (Anexo G).

SESSÃO 4 – MONTANDO FRASES

- Estimular a crítica.
- Estimular a construção de argumentação.
- Estimular a escolha entre várias opções.

Slide 4.1

Para iniciar a Sessão 4, o mediador aplica o termômetro que é a folha do Anexo B, por meio do qual se pode saber quais são as expectativas para essa tarefa e também quebrar o gelo para não chegar já realizando a tarefa.

Slide 4.2

Neste momento é necessário que o mediador questione sobre como está sendo realizar a tarefa do termômetro, pois a tendência é que com o passar das sessões o assunto fique mais natural ao ser abordado, assim diminuindo a questão da ansiedade e do nervosismo, e as respostas dadas aos questionamentos abordados por você fiquem mais "naturais".

Dica para o mediador

Sugestão de perguntas adicionais para o mediador:

- "Vocês se sentem menos incomodados com o assunto abordado no grupo?"
- "O que antes era mais difícil?"
- "Para o acompanhante: quais mudanças vocês identificam?"
- "Até o momento, qual atividade te chamou mais atenção? Por quê?"

Falar de sentimentos, conforme é realizada a atividade do termômetro, com o passar das sessões, torna mais fácil a comunicação e o controle dos comportamentos. Nos grupos experimentais os participantes começaram a se autorregular e regular uns aos outros com relação aos pensamentos e emoções associados.

Slide 4.3

Neste momento devemos pedir para que os participantes criem/contem uma situação para impactar o grupo sobre uma tomada de decisão deles. Então o mediador lê a situação proposta e realiza os questionamentos apontados no grupo.

- "Qual sentimento você sentiu ao tomar essa decisão?"
- "Foi algo difícil de decidir?"
- "Como você fez para tomar essa decisão? De forma mais automática ou impulsiva?"

Slide 4.4

Agora o mediador começa a introduzir o ciclo de tomada de decisão, sempre lembrando que este ciclo é uma adaptação do *Goal Management Training* (GMT) e perguntando aos participantes: "Será que essa tomada de decisão ficaria mais fácil com estes passos aqui?"

Dica para o mediador

No grupo experimental, foi observado que os participantes nesse momento criam uma racionalização, para justificar as decisões erradas que tomam no dia a dia, verbalizando sobre processos automáticos (caminho para ir ao trabalho, sem questionar muito o que fazer). Aqui o mediador pode conversar sobre isso que o grupo trouxe para a discussão.

Slide 4.5

Lembrando que este treino é baseado em um ciclo de estratégias, neste momento o mediador deve reforçar o esquema para auxiliar na melhora da tomada de decisão, assim relembrando o passo a passo no esquema proposto.

O mediador pode explorar situações do cotidiano com o grupo, assim tornando mais rica a discussão do esquema e agindo como forma de aquecimento.

Slide 4.6

Nesse momento o mediador deve avisar os participantes que começaremos as atividades do dia. É importante que todos se preparem.

Slide 4.7

Materiais necessários:

- Lápis ou caneta.
- Folha Recuperando a Atividade (Anexo G).
- Ciclo da Tomada de Decisão (Anexo E).

Slide 4.8

"O objetivo desta atividade é sabermos argumentar diante de várias opções de escolhas, já que em diversos momentos da nossa vida temos várias opções disponíveis que fazem sentido, mas não sabemos o que fazer diante disso e nem colocar os prós e contras de situações parecidas."

"Nesta atividade, todas as alternativas fazem sentido, entretanto, você terá que se contentar com somente uma resposta. Vamos ao desafio. Argumente sobre como foi feita a escolha. Veja bem, todas as alternativas são compatíveis, mas como você terá que escolher uma, precisará justificar. Como você explicaria o motivo da sua escolha?"

Conforme foi dada a instrução, o mediador tem que deixar claro que o importante é argumentar. Podemos dar por volta de 10 minutos para a atividade.

Slides 4.9, 4.10, 4.11, 4.12 e 4.13

São apresentadas as frases e suas alternativas para que o mediador possa apresentar.

Nos grupos experimentais os acompanhantes das crianças associaram essas situações com acontecimentos de vida diária deles. Não barre esse rico momento, vá mediando, conversando com o grupo e utilizando esses exemplos para completar a atividade.

Na primeira situação de ir ao *shopping* ocorreu o seguinte diálogo com um dos participantes:

Participante: "Eu escolheria ir ao restaurante, de preferência no restaurante X."

Mediador: "Por que você escolhe o X?"

Participante: "Porque os lanches são gostosos e grandes…"

Mediador: "Então, os lanches do restaurante Y são bem maiores e você compra na promoção comprando um lanche e acaba levando dois."

Participante: "Mas o outro você sabe a qualidade!"

Mediador: "O outro desbancou esse restaurante aonde você quer ir, porque eu até ganho um brinde, e o lugar aonde você quer ir, não…"

Dica para o mediador

A partir dos exemplos do cotidiano surgem discussões muito ricas (como a que ocorreu no grupo experimental), em que o mediador deve indicar que conforme tomamos decisões sempre há pessoas para questionar as nossas escolhas e sempre teremos que estar fortes para argumentarmos essas preferências. Como essa discussão do melhor restaurante de lanches, eles terão que saber justificar suas escolhas e geralmente não é tarefa fácil.

Neste momento o mediador deve assumir um papel no qual questione de forma consciente tudo o que for colocado de argumento por parte dos participantes, já que o objetivo desta sessão é causar uma reflexão sobre questionamentos perante as nossas decisões. Não tenha medo de ser um mediador criterioso e em alguns momentos ser considerado "chato" de tanto argumentar.

Slide 4.14

Como a atividade *a priori* é algo simples, temos que reforçar por que a argumentação e os questionamentos são interessantes na hora de tomarmos uma decisão. Nesse momento temos que falar dos benefícios de sabermos argumentar diante de situações, tanto mentalmente quanto com outra pessoa.

O mediador deve no final questionar "É mais fácil argumentar ou simplesmente agir?". Com isso, os participantes também poderão contar como normalmente agem, se explicam as suas escolhas, se argumentam ou se simplesmente agem.

Dica para o mediador

Reforçar com o grupo o quanto argumentar consigo mesmo diante de uma situação na qual exija mais cautela por parte deles auxiliará no processo de tomada de decisão.

Slide 4.15

É necessário reforçar e incentivar os nossos participantes a sempre argumentarem as suas decisões e também saberem como estão se saindo nas atividades já realizadas. Para isso, o mediador perguntará como eles se sentem após terem feito esse exercício de questionamentos.

- "Você agora se sente pronto para escolher entre duas opções?"
- "E para justificar a sua escolha?"

Dica para o mediador

Neste momento, o grupo experimental trouxe novamente a questão à tona de decisões que são automáticas e simplórias no decorrer do nosso dia a dia. O mediador pode debater com o grupo sobre esse tema, caso considere necessário.

Tomar decisões automáticas não é algo ruim, pois em alguns momentos é normal e ocorre todos os dias em nossa vida, entretanto, há momentos em que não é aceitável, pois nos coloca em situações de risco e desagradáveis (situações impulsivas).

O objetivo nesse momento é informar aos participantes do grupo que não existe decisão certa, mas existem decisões que nos trazem menos prejuízos (contras), então o correto é pensar e decidir pelo que traz mais prós do que contras.

Slide 4.16

Neste momento o mediador questiona o grupo sobre como eles realizam a tomada de decisão no seu cotidiano, se é algo que de fato eles param e pensam ou é algo mais mecanizado. A parte mais importante deste momento é enfatizar a tomada de decisão, perguntando para o grupo:

- "Como você realiza a tomada de decisão? De forma mais mecânica?"
- "Antes você analisa as consequências da tomada de decisão diante de uma situação?"
- Você listava as suas desvantagens e vantagens?

Slide 4.17

Chegando ao fim da sessão, o mediador pergunta ao grupo: "Se vocês pudessem escolher uma carinha (*smile*) para representar essa discussão, qual vocês escolheriam?"

Dica para o mediador

Em todos os grupos experimentais os participantes respondem com um *smile* pensativo. Quando a maioria responder isso, o mediador deixa a questão para o grupo pensar:

"Por que ao falarmos da tomada de decisão, que de acordo com você é algo automático, você fica tão pensativo e mexe com você? Será um indicativo de que precisamos parar e pensar nas nossas decisões ou que talvez não tomamos decisões tão facilmente assim?"

Procure colocar e deixar interrogações para os participantes, no momento de discussões; é a partir disto que eles começarão a se perceber durante o dia a dia e trarão situações para discussões.

Slide 4.18

Finalizar com o Recuperando a Atividade (Anexo G).

SESSÃO 5 – AJUDANDO A DAR SOLUÇÃO

- Estimular a escolha entre duas opções.
- Estimular a tomada de decisão com uma situação pessoal.
- Demonstrar o modelo de tomada de decisão visual.

Slide 5.1

Para iniciar a Sessão 5, o mediador pode aplicar o termômetro, que é a folha do Anexo B, por meio do qual se pode saber quais são as expectativas para essa tarefa e também quebrar um pouco o gelo para não chegar já realizando a tarefa do dia.

Slide 5.2

O mediador deve explicar que todas as atividades que fizemos são interligadas, e no dia de hoje precisaremos usar o conhecimento de todas as lições já ensinadas.

Slide 5.3

O mediador traz novamente à tona o ciclo da tomada de decisão.

Dica para o mediador

É importante que as sessões possam também ter um cunho lúdico e que tragam reflexões dentro de um contaxto mais informal. Você pode fazer uma brincadeira com os participantes, levar um bombom e perguntar a eles quem lembra os passos do ciclo de tomada de decisão. Para quem acertar dê o bombom. Proporcionamos assim uma retomada dos conhecimentos de forma diferenciada.

Slide 5.4

Neste momento o mediador começa a instigar os participantes do grupo, perguntando:

- "Você se sente pronto para escolher entre duas opções?"
- "Ou ainda se sente um pouco perdido?"

Slide 5.5

O mediador tem que enfatizar com o grupo que, a partir deste momento, eles irão começar a atividade do dia.

Slide 5.6

O mediador pode apresentar de forma breve os materiais que serão utilizados durante a atividade.

Materiais utilizados:

- Lápis ou caneta.
- Tabela prós e contras.
- Recuperando a Atividade (Anexo G).
- Ciclo da Tomada de Decisão (Anexo E).

Slide 5.7

Aqui o mediador apresenta a situação para o grupo, lendo o que está no *slide*.

Instruções

"Será apresentada uma situação em que você precisará fazer uma escolha."

"Como escolherá?"

"Lembre-se de argumentar."

Slide 5.8

Situação I

Objetivo: "Cláudio, um rapaz de 18 anos, foi ao *shopping* para se distrair um pouco antes de outro compromisso, só que há um porém: ele tem exatamente 2 horas e 20 minutos para fazer isso e não chegar atrasado. Ele precisa considerar que o dinheiro que ele tem (R$ 60,00) é a quantia que deverá ser usada até o retorno a sua casa. Esses dois fatores, tempo e dinheiro, têm que ser levados em conta, mas ele está na dúvida diante das duas opções abaixo. Vamos ajudá-lo?"

Slide 5.9

O mediador lê as opções que o personagem tem disponível para solucionar seu problema.

Opção 1: ir a uma livraria de um *shopping* onde ele pode escolher o livro que quiser e sentar no cantinho de leitura da própria livraria. Cláudio escolheu um livro de aproximadamente 39 folhas, sendo que Cláudio demora 1 hora e 30 minutos para ler tal livro e ainda pode sair da livraria e comer alguma coisa em algum lugar. No entanto, houve um problema nos restaurantes do *shopping* e só há um restaurante aberto, onde ele irá gastar R$ 59,90 na refeição. Pelo menos, ele irá para o próximo compromisso alimentado.

Opção 2: ir ao cinema e assistir a um filme que ele quer muito ver desde que estreou, só que o filme tem duração de 2 horas e 30 minutos, assim Cláudio irá se atrasar aproximadamente 15 minutos para o seu próximo compromisso, só que Cláudio ganhou esse ingresso de um amigo e não gastará dinheiro nenhum nesse dia.

No final da leitura, o mediador já pode questionar o que os participantes acharam ao ouvir as opções da história.

Dicas para o mediador

Exemplo 1: no grupo experimental, conforme a situação acabou de ser apresentada aos participantes do grupo, ocorreu algo interessante: os participantes por si só começaram a discutir a situação apresentada e já dando uma resposta para a solução.

Exemplo 2:

Pai do participante: "Não faria nenhuma das duas opções!"

Mediador: "Então o que você faria?"

Pai de participante: "Pensei em outra solução!"

Quando essa situação ocorre, é um indicativo de que o grupo está engajado na discussão. Nesse momento não pare a discussão, deixe que ela ocorra, nem que depois tenhamos que pontuar o que eles decidiram.

Slide 5.10

Neste *slide* há o esboço da folha da atividade para o participante colocar os prós e contras da decisão a ser tomada, assim conseguindo ver sua decisão de forma visual e conseguindo minimamente visualizar as opções e ponderar as escolhas.

O mediador deve incentivar a utilização dessa tabela. Algumas vezes os participantes relatam dificuldades para tomar uma decisão porque é muito abstrato pensar nas opções. Essa orientação de usar a folha com o registro dos prós e contra das diferentes situações pode ajudar a tornar a decisão mais concreta, facilitando a a resolução do problema.

Dica para o mediador

Sugestão de mediação para a situação I

Sobre a opção 1: Cláudio ficaria mais tranquilo para "controlar" o horário, mas o gasto com a refeição pode ser um problema para ele. Como ele está em um *shopping*, ele poderia procurar por alternativas mais baratas e até mesmo mais rápidas na praça de alimentação. O foco precisa estar no horário da reunião.

Sobre a opção 2: discutir a importância de manter o horário do compromisso, então, se a opção 2 for escolhida, ele deverá sair antes de terminar o filme impreterivelmente e ver o final em outra oportunidade (TV ou internet). Conversar com os participantes sobre o controle emocional necessário para interromper o filme apesar do interesse de saber o final da história. Ponderar sobre a troca de horário do ingresso e assim ir para reunião e depois assistir ao filme tranquilamente, ou adiantar o horário do filme para que termine muito antes da reunião.

Slide 5.11

O mediador apresenta a segunda situação a ser discutida, lendo o _slide_ para o grupo.

Situação 2

"Luana, 15 anos, foi convidada para ir a um churrasco na casa da sua melhor amiga, no sábado dia 8 de agosto às 14 horas. Entretanto, um dia antes do churrasco, a prima de Luana, que também sempre está com ela e sua melhor amiga, convidou Luana para irem a uma sorveteria no mesmo dia e horário. Luana está muito confusa, mas, depois de muito pensar, chegou a duas opções."

Slide 5.12

O mediador lê as opções que a personagem tem disponível para solucionar o seu problema.

Opção 1: Luana teve a ideia de ir aos dois compromissos, indo primeiro a casa de sua melhor amiga, no churrasco, e depois ir à sorveteria com sua prima. Assim, comeria um pouco dos dois e não decepcionaria nenhuma delas. Alegaria para sua prima que havia trânsito para chegar na sorveteria e esse atraso seria de 30 minutos apenas.

Opção 2: falar para sua prima que não poderá ir à sorveteria com ela, pois ela tem um churrasco, no qual ela marcou dias antes, mas que depois do churrasco, à noite, as duas podem se ver e ir tomar esse tão desejado sorvete. Assim poderá aproveitar o churrasco com sua melhor amiga sem se preocupar com o horário e não decepcionaria nenhuma das duas.

Qual das opções você escolheu? Pare, pense e reflita com seu grupo qual seria a melhor das opções.

Slide 5.13

O mediador deve novamente apresentar a folha de prós e contras.

Dicas para o mediador
Sugestões de mediação

Sobre a opção 1: discutir com os participantes do grupo os riscos que Luana corre ao escolher os dois compromissos, já que contratempos existem e podem ocorrer a todo instante, sem depender da intenção da pessoa, e a sua desculpa cairia água abaixo. Aqui também é o momento de pensar os prós e contras dessa atitude.

Nessa atividade também se encaixa a discussão sobre omissão *versus* mentira. Como saber recusar/rejeitar um compromisso que não cabe na sua agenda/dia.

Também no grupo experimental houve momentos em que a discussão ficou mais rica, pois os participantes trouxeram o quanto é difícil falar não para o outro e que há momentos na vida em que acabamos fazendo as coisas por medo de decepcionar as pessoas que nos cercam.

Sobre a opção 2: na segunda opção podem ser abordadas as emoções que a pessoa pode sentir ao ter que falar um não e como ela reagiria, já que, supostamente, a prima de Luana ficaria chateada ao ouvir a verdade. Aqui também é o momento de pensar os prós e contras dessa atitude.

Para ampliar o repertório comportamental e social do participante e ajudá-lo a treinar a se expressar, sugere-se a seguinte intervenção: o participante segura duas bexigas, uma em cada mão, e simula que cada bexiga é um personagem da história. Nessa simulação eles podem fazer uso de diferentes tons e volumes da voz, expressões faciais e corporais até descobrir a forma que consideram ideal de se expressar.

Slide 5.14

Neste momento, o mediador deve pedir para o participante do grupo ilustrar situações parecidas com as que foram colocadas, perguntando: "Com vocês já aconteceu algo parecido?"

Dica para o mediador

Aqui neste momento começaram a surgir exemplos do cotidiano dos participantes.

Exemplo 1:

Participante: "Teve uma vez que uma conhecida minha me chamou para o casamento da filha dela, me deu o convite e tudo, estava tudo certo de que eu iria ao casamento, já tínhamos conversado até de roupa e tudo, daí a minha sobrinha, faltando uma semana para o casamento dela, veio me dar o convite para eu ir, alegando que não teve tempo de entregar antes. Aí eu pensei: ir ao casamento da filha da minha amiga que me deu o convite há dois meses antes ou ir ao casamento da minha sobrinha, pois, afinal de contas é família?"

Mediador: "E o que a senhora decidiu fazer nessa situação?"

Participante: "Na hora fiquei totalmente perdida, atordoada, sem saber o que decidir. Tive que parar, pensar e analisar a situação, para tomar a decisão. Como a minha amiga tinha me avisado com antecedência e ela já estava contando comigo naquele dia, eu decidi ir para o casamento da filha dessa amiga. Cheguei para a minha sobrinha e expliquei tudo o que tinha acontecido, mas fiquei com muito medo de ela [sobrinha] me interpretar mal, ainda mais por ser família."

Mediador: "O grupo tomaria outra decisão, diferente da dela?"

Assim, o mediador segue de acordo com as respostas que forem surgindo. O interessante desse exemplo é que ele se correlaciona com a situação 2.

Após essa pergunta aberta para o grupo, o mediador deve distribuir folhas de papel sulfite e pedir para eles descreverem uma situação na qual eles não sabem qual caminho/decisão tomar.

"Descrevam uma situação na qual vocês estão em dúvida sobre qual caminho seguir."

Slide 5.15

Salientar que, na situação que estão descrevendo, eles também têm diferentes opções, como os personagens Cláudio e Luana, e que eles devem colocar todas as opções disponíveis no papel.

Slide 5.16

O mediador pode distribuir a folha dos prós e contras das situações para que eles consigam visualizar as opções que eles têm para resolver ou deixar de forma visual no *slide* para eles olharem e irem se lembrando.

Dica para o mediador

Quando falamos sobre atividades na qual os participantes têm que escrever, há grupos que os integrantes são mais resistentes à escrita e de fato não querem escrever, então o mediador pode ficar à vontade para realizar essa ou outra parte escrita de forma oral, só que será necessária muita atenção do mediador para não deixar nenhum item sem preencher e comentário.

Slide 5.17

Aqui o mediador investiga como foi para o grupo realizar as atividades visualizando os prós e contras da decisão e questiona como eles se sentiram durante a tarefa.

- "As listas de prós e contras ajudaram na escolha das opções?"
- "Houve diferenças para fazer escolhas para uma pessoa fictícia ou para vocês?"
- "Conseguiram tomar uma decisão?"
- "Como você se sentiu?"

Slide 5.18

Finalizar com o Recuperando a Atividade (Anexo G).

SESSÃO 6 – JOGOS PARA TREINAR O CÉREBRO

- Demonstrar a tomada de decisão de forma lúdica.
- Desenvolver a noção de consequências em longo prazo x curto prazo.
- Estimular estratégia e planejamento diante das situações.

Slide 6.1

Para iniciar a Sessão 6, o mediador pode aplicar o termômetro que é a folha do Anexo B.

Slide 6.2

Nesta tarefa, antes de iniciar os jogos, o mediador pergunta se o grupo acredita que duas atividades como jogos e a tomada de decisão podem combinar. Permitir que o grupo se posicione.

Nos grupos experimentais, geralmente a resposta é afirmativa, então o mediador tem que instigar e perguntar por que eles acreditam que combinam. "Porque você tem que escolher para qual casinha você vai andar, escolher onde você vai colocar o X ou a bolinha para não perder o jogo, e isso são tomadas de decisão."

Mediador: "Muito bem, G! É por aí mesmo. Mais alguém quer acrescentar algo?"

Slide 6.3

Neste momento, o mediador responde a própria pergunta, devendo explicar que todas essas funções se combinam, sim, pois todas elas estão envolvidas na tomada de decisão e no jogo.

Slide 6.4

Neste momento o mediador dá ênfase para a tarefa em questão enfatizando por que eles acreditam que especificamente essas habilidades (atenção, memória, planejamento, criação de objetivos) são importantes para a tomada de decisão no jogo.

Slide 6.5

O mediador explica por que essas habilidades são utilizadas durante o jogo: assim o sujeito terá que treinar sua atenção para ficar atento às jogadas do seu adversário durante a partida, treinar a memória, porque é preciso recordar a jogada anterior e recordar as regras do jogo, para criar sua estratégia (planejar), e decidir/tomar a decisão do lugar da sua próxima jogada, para alcançar o objetivo, que é ganhar o jogo.

Dica para o mediador

Nos grupos experimentais, observou-se em alguns participantes somente o objetivo de ganhar o jogo, porém esse objetivo não pode ser alcançado se não forem criadas estratégias eficientes.

Em um dos grupos um participante falou: "O importante é ganhar, e às vezes tem que trapacear!"

Mediador: "Mas o trapacear tem os seus prós e contras. E tem mais o quê? Situações favoráveis ou desfavoráveis?"

Criança: "Não sei."

Mediador: "O que vocês acham, grupo?"

Integrante do grupo: "Acho que mais desfavorável, do contra!"

Mediador: "Vamos pensar por quê?"

No final da discussão, caso o grupo tenha problemas para resolver a situação, o mediador pode falar: "Pode ser algo vantajoso, porque você vai ganhar. Mas se estivéssemos em uma competição, eu fosse o juiz e te pegasse trapaceando, você poderia ser eliminado da competição e ainda tomaria outras punições."

"Em uma situação da vida normal, você pode até ganhar e ninguém descobrir, mas como você irá se sentir? Quais os pensamentos que virão dessa sua ação?"

Slide 6.6

Conforme as respostas vão aparecendo, o mediador conduz as respostas e ajuda o grupo a pensar junto. Assim, damos as possibilidades de que os próprios participantes possam dar as soluções para os seus questionamentos e os de seus colegas.

Slide 6.7

Neste momento o mediador pontua que daremos início aos exercícios do dia.

Slide 6.8

Materiais necessários:

- Folhas de papel sulfite.
- Dois lápis de cores diferentes.
- Jogo de damas.
- Recuperando a Atividade (Anexo G).
- Ciclo da Tomada de Decisão (Anexo E).

O mediador apresenta de forma rápida para os participantes o material a ser utilizado.

Slide 6.9

Neste momento o mediador deve relembrar os passos para tomar uma decisão adequada e reforçar que, para o jogo, os participantes do grupo também podem e devem fazer esses passos para conseguir realizar as jogadas.

Espera-se que nesta sessão de treino os passos para a resolução de problemas já estejam mais automáticos para a recordação. Caso o mediador sinta necessidade, algum *slide* anterior ou sessão podem ser retomados.

Slide 6.10

O mediador pontua para os participantes do grupo que será realizada uma atividade muito simples: Jogo da Velha.

Dica para o mediador

Nesta sessão temos que tomar o máximo de cuidado e prestar atenção, pois os participantes podem começar a competir entre si. Nos grupos experimentais notou-se que em alguns momentos os acompanhantes incentivam a competição. Devemos lembrar que o objetivo dos jogos é fazer com que eles prestem atenção nos seus pensamentos, para tomarem a decisão na hora de cada jogada.

Slide 6.11

O mediador apresenta as regras básicas para o jogo da velha, lendo as regras para o grupo e tirando pequenas dúvidas que venham a aparecer.

O objetivo do jogo é ser o primeiro a fazer uma sequência de três símbolos iguais, seja em uma linha, coluna ou na diagonal.

As regras são:

- Um jogador joga com o círculo (O) e outro com o xis (X).
- Cada jogador, na sua vez, desenha (ou coloca a peça) em uma lacuna que esteja vazia.
- Quando um jogador conquista o objetivo, costuma-se riscar os três símbolos

Slide 6.12

O mediador neste momento dá dicas para auxiliá-los durante o jogo, dando algumas estratégias para o início.

- Podemos começar pelo centro do tabuleiro.
- Pode-se iniciar pela lateral do tabuleiro.
- Nunca deixe seu adversário sair na frente com dois símbolos.
- Às vezes, podemos causar a "velha" (ninguém ganha).

Slides 6.13 e 6.14

Estes *slides* são para facilitar a explicação do que foi verbalizado anteriormente, com algumas imagens das jogadas principais. Neste momento podem surgir dúvidas, portanto o mediador terá que saná-las. Também é possível que algum participante do grupo queira dividir alguma jogada em especial, nesse momento é importante o mediador permitir que isso ocorra.

Slide 6.15

Antes de iniciar o jogo de fato, o mediador deve relembrar novamente o ciclo da tomada de decisão com o grupo, incentivando-os a lembrar desse ciclo sempre que se sentirem inseguros ou com dúvidas.

Slide 6.16

Neste momento o mediador deve dar mais uma estratégia extra sobre o jogo, para eles iniciarem pelas laterais, tentando facilitar ao máximo o interesse dos participantes pelo jogo e incentivando-os a pensar antes de cada jogada.

Slide 6.17

O mediador pede para os participantes do grupo iniciarem o jogo, dando aproximadamente 15 minutos para realizarem a tarefa.

Dica para o mediador

Nos grupos experimentais, ocorreram diversas situações como:

- Participante tentando ganhar trapaceando. Nesta situação, o mediador pode repetir as regras estabelecidas no início da sessão ou, se sentir mais seguro, pode realizar uma interpretação de acordo com o paciente. Geralmente essa infração da regra ocorre nos grupos por insegurança da parte do participante, mas isso pode se modificar de acordo com o grupo.
- Participante criando jogadas que não existem, assim o mediador teve que corrigir a situação. Nesee momento, o mediador deve sinalizar para o participante, verbalizando que a jogada é inexistente, ou até mesmo tentar entender por que o participante criou essa jogada.

- Participante ficando irritadiço conforme vai perdendo. Nessa situação, deve-se conversar com o participante, explicar para que é uma atividade de grupo e que não são todas as pessoas que podem ganhar. Estimular para o retorno da tarefa. Pode-se tentar entender o que o deixou irritado (pensamentos associados).

Caso essas situações ocorram, o mediador deve intervir.

Slide 6.18

Antes de iniciar o jogo de damas, o mediador pode também abrir um espaço para os participantes contarem como foi o jogo da velha, perguntando:

- "Como foi o jogo da velha?"
- "Algo de especial aconteceu?"

Slide 6.19

Após o jogo da velha, o mediador avisa aos participantes do grupo que terão mais um jogo para treinar o cérebro, que será o jogo de damas.

Slide 6.20

O mediador lê para os participantes do grupo as regras do jogo de damas. Conforme surgirem dúvidas, o mediador deve saná-las.

- O lance inicial cabe sempre a quem estiver com as peças brancas.
- A pedra anda para a frente, uma casa de cada vez, mas também pode andar na horizontal (lado) e na diagonal. Quando a pedra atinge a oitava linha do tabuleiro, ela é promovida à dama.
- Dama é uma peça de movimentos mais amplos. Ela anda para a frente e para trás, quantas casas quiser. A dama não pode saltar uma peça da mesma cor.

Slide 6.21

Aqui o mediador dá dicas de estratégias de como ir bem no jogo de damas, podendo ler para os participantes e demonstrar no tabuleiro para que os participantes entendam.

Algumas das estratégias são:

- Mantenha a última fileira (de trás) sem mexer.
- Sempre jogue suas peças nas casas do centro do tabuleiro, lembrando que ficar nervoso pode fazer você perder a concentração.
- A sua saída tem que ter lógica.
- Pensar sempre em três jogadas adiante.
- Evite colocar peças nas laterais do tabuleiro.

Slides 22 e 23

Neste momento o mediador mostra imagens de como devem ser feitas as jogadas, ilustrando o que foi feito verbalizado no *slide* anterior, facilitando o entendimento do jogo.

Slide 6.24

Neste momento o mediador indica algumas estratégias extras aos participantes, como a possibilidade de capturar mais de uma peça, quando possível.

Slide 6.25

O mediador pede para que as duplas iniciem o jogo e dá aproximadamente 15 minutos para sua realização.

Dica para o mediador

Foi nítido que as crianças apresentaram mais dificuldades no jogo de damas, então neste jogo devemos ficar muito atentos para irmos auxiliando os participantes do grupo.

Exemplo 1: no grupo experimental, o que mais chamou a atenção é que sempre um jogador começa a se destacar e o outro não, por não saber jogar ou ser ansioso em suas jogadas. Aqui o mediador deve sempre incentivá-los, relembrar os conceitos do ciclo das decisões e tentar jogar uma a duas jogadas com o participante, para demonstrar estratégias de como reverter essa situação.

Exemplo 2: um dos participantes deixa o outro ganhar por perceber que este tem dificuldades (facilitando a jogada). Neste momento, o mediador deve ser firme e pedir para os participantes não facilitarem, argumentando:

"Há situações em que vocês na vida não terão a possibilidade de alguém facilitar/afrouxar a situação para vocês e vice e versa, assim teremos todos que decidir sozinhos".

Slide 6.26

No meio do jogo, parar o grupo e perguntar como está indo o processo. Sempre devemos mostrar interesse pelo que está ocorrendo durante os jogos.

Perguntar:

- "Como está sendo a tarefa?"
- "Está sendo fácil ou difícil?"
- "Você está conseguindo realizar o passo a passo?"

Slide 6.27

Após encerrados os jogos, o mediador promove uma breve discussão de como fazer essa atividade lúdica, pensando na tomada de decisão, fazendo algumas indagações aos participantes do grupo:

- "Como foi jogar esses jogos?"
- "Os jogos ficaram mais fáceis com o nosso passo a passo?"
- "Ficou mais fácil com as dicas de estratégias?"
- "Você mudaria alguma coisa no jeito de jogar?"

Slide 6.28

Finalizar com o Recuperando a Atividade (Anexo G).

SESSÃO 7 – RESOLVENDO LABIRINTOS

- Utilizar raciocínio lógico (função fria).
- Estimular a estratégia e o planejamento.
- Estimular a percepção de duas soluções possíveis.

Slide 7.1

Para iniciar a Sessão 7, o mediador pode aplicar o termômetro que é a folha do Anexo B.

Slide 7.2

O mediador neste primeiro momento deve explicar que a tarefa que será realizada é a de labirintos e tem ligação com algumas funções que utilizamos para tomar decisões, como atenção, planejamento e controle motor.

Dica para o mediador

Para não se ter uma condução engessada das sessões o mediador pode perguntar para o grupo: "Vocês acham que labirinto e tomada de decisão combinam?"

Slide 7.3

Neste *slide* o mediador deve explicar o motivo da atenção ter relação com a atividade de realizar um labirinto (é necessário prestar atenção nos caminho e ouvir a instrução), a relação do planejamento com o labirinto (saber da onde irá partir, simular o caminho mentalmente antes de riscar) e a relação entre o controle motor e o labirinto (para não esbarrar nas linhas e ter controle do caminho que será feito).

Slide 7.4

Neste momento o mediador deve pontuar que dará início aos exercícios.

Slide 7.5

Materiais necessários:

- Ciclo da Tomada de Decisão (Anexo E).
- Labirintos (anexo H).
- Lápis ou caneta.
- Recuperando a Atividade (anexo G).

Slide 7.6

Aqui o mediador passa a instrução para que os participantes consigam realizar os labirintos:

"Agora temos os labirintos. Fiquem atentos! Alguns têm duas formas de completar a missão, uma que é mais rápida e fácil e outra mais demorada e mais difícil. Teremos sempre que pensar na que compensa mais."

Em seguida o mediador deve reforçar que é necessário que o próprio participante identifique quantos caminhos existem naquele labirinto.

Slide 7.7

Neste momento o mediador tem que reforçar algumas regras básicas para os participantes, como:

- Não iniciar o labirinto de trás para frente.
- Os participantes devem tentar ser objetivos e precisos.
- Simular o caminho antes mentalmente.

Slide 7.8

O mediador deve passar algumas estratégias básicas para a obtenção de bons resultados, assim facilitando a resolução dos labirintos.

Algumas estratégias são:

- Siga uma parede.
- Encontre o ponto de viragem,ou seja, quando ele muda a direçãoque foi projetado.
- Use a memória para mapear as áreas já rastreadas.
- Procure ter calma e controle da ansiedade.

Slides 7.9, 7.12, 7.16, 7.19 e 7.23

Entregar a folha com o labirinto para os participantes do grupo e aguardar que todos o resolvam.

Dica para o mediador

Nos grupos experimentais observou-se que sempre há algum participante que apresenta dificuldade para realizar labirintos. Assim sendo, é necessário sempre incentivar essa pessoa e, se possível, acompanhá-la mais de perto. Caso o grupo se mostre mais agitado e esse acompanhamento não for possível, também é interessante pedir para formarem duplas antes de iniciar a atividade. Caso essa dificuldade apareça, pode-se pedir para a dupla também auxiliar na resolução.

O mediador tem que tentar passar para o participante com dificuldade que o próprio fato de ter consciêcia da dificuldade é o primeiro passo para que possamos criar soluções para saná-las. As dificuldades podem aparecer mesmo no nivel fácil, o interessante é tentar modificar a forma que estamos vendo o problema e pensar em diferentes soluções para saná-las.

Slide 7.10

No meio da resolução do labirinto e, principalmente, se identificar que algum participante está com dificuldades, perguntar:

- "Como está sendo?"
- "Como está se sentindo resolvendo o labirinto? Está fácil ou difícil?"
- "O que podemos fazer para melhorar a nossa atuação no próximo?"

Slides 7.11, 7.14, 7.17, 7.21 e 7.23

Mostrar a imagem com o labirinto resolvido, para confirmar que todos encontraram a entrada e a saída.

Slide 7.13

Quando os participantes acabarem o segundo labirinto, o mediador deve perguntar:

- "Como está sendo?"
- "Como está se sentindo resolvendo o labirinto? Está fácil ou difícil?"
- "O que podemos fazer para melhorar a nossa atuação no próximo?"

Slide 7.15

Neste momento, o mediador deve apresentar o ciclo da tomada de decisão e relembrá-los que eles podem utilizar esse passo a passo para resolver o labirinto.

Slide 7.18

Neste momento pode ocorrer de os participantes do grupo já demonstrarem um cansaço, então, é necessário incentivá-los para que eles façam mais alguns labirintos.

Slide 7.20

O mediador deve indagar se alguém percebeu algo de diferente na hora que foi resolver o labirinto, abrindo espaço para breve discussão.

Slide 7.22

Reforçar o ciclo das tomadas de decisões para os próximos labirintos, que podemos ter dois modos de resolução e que ter consciência disso nos auxilia na tomada de decisão.

Slide 7.25

Neste momento o mediador promove uma roda de discussão com o grupo, levantando algumas questões como: "Na hora de resolver o labirinto você se lembrou de que ele poderia ter duas versões?"

Slide 7.26

Agora o mediador deve prosseguir a discussão em grupo, indagando os participantes:

- "Com as dicas dadas no início ficou mais fácil de resolver os labirintos?"
- "Qual foi o principal sentimento que vocês sentiram durante a resolução dos labirintos?"
- "Seu acompanhante/familiar auxiliou nas dúvidas que teve durante o labirinto?"

Dica para o mediador

Na segunda indagação, que é sobre os sentimentos, é muito importante o mediador dar voz às respostas que vão surgindo, pois é comum os participantes falarem sobre ansiedade, agitação. Neste momento, o mediador pode fazer um paralelo com lidar com decisões sobre pressão de tempo, já que os participantes terão terão um tempo para resolver os labirintos.

Slide 7.27

Finalizar com o Recuperando a Atividade (Anexo G).

SESSÃO 8 – RESOLVENDO AS SITUAÇÕES

- Estimular a resolução de problemas em situações mais complexas.
- Estimular a tomada de decisão em situações com pressões ambientais.
- Promover a capacidade empática do grupo e/ou participante.

Slide 8.1

Para iniciar a Sessão 8, você pode aplicar o termômetro, que é a folha do Anexo B, por meio do qual se pode saber quais são as expectativas para essa tarefa e também quebrar um pouco o gelo para não chegar já realizando a tarefa.

Slide 8.2

O mediador questiona o grupo verbalizando: "O seu nível de ansiedade ou nervosismo para tomar uma decisão é o mesmo da primeira sessão?"

Dica para o mediador

No grupo experimental, apareceu a seguinte resposta para a pergunta acima:

Participante: "Esses níveis não diminuíram, ainda continuo protelando muito para tomar uma decisão e acabo ficando ansiosa, mas percebo que hoje é mais claro como tomar uma decisão. Serve?"

Mediador: "Como assim hoje é mais claro para tomar uma decisão?"

Participante: "Hoje eu sei como agir, tenho que parar, pensar, sempre analisar os prós e os contras e não ir tomando a decisão porque eu tenho que tomar."

Mediador: "Bom! O que o grupo acha?"

Aqui temos que lidar com as respostas que aparecerem, assim tentando entender se já há alguma mudança de pensamento no grupo. Aproveitar para promover uma reflexão com todos os participantes.

Slide 8.3

Pontuar que daremos início a um exercício. Utilizar este momento para incentivar todos a fazer a atividade explanando que ela é importante para a continuidade das sessões. O mediador pode verbalizar: "Vamos lá pessoal, todos conseguem solucionar este pequeno probleminha que vem pela frente!"

Slide 8.4

O mediador apresenta brevemente a lista de materiais que serão utilizados para fazer essa atividade.
Materiais necessários:

- Lápis ou caneta.
- Folha da situação (Anexo I).
- Folha Recuperando a Atividade (Anexo G).
- Ciclo da Tomada de Decisão (Anexo E).

Slides 8.5 e 8.6

Antes de começar a leitura da situação, o mediador deve avisar que eles têm que ouvir atentamente e tentar se visualizar na situação, utilizando a capacidade de abstração. O mediador lê para os participantes do grupo a situação elaborada.

Dica para o mediador

Como a situação apresentada é um pouco complexa, deve-se entregar a situação impressa para os participantes poderem reler depois e, no final da leitura, deve-se enfatizar que há duas possibilidades, se salvar ou ajudar os outros.

Aqui o mediador pode verbalizar: "Há também uma terceira hipótese que é se salvar e ajudar o outro. Vamos parar e pensar e se colocar na situação para conseguirmos resolver isso juntos."

Slide 8.7

O mediador neste *slide* apresenta as opções disponíveis para resolver esse problema. Aqui é interessante que o mediador estimule a reflexão dos participantes do grupo e, conforme for apresentando as opções disponíveis, vá discutindo os prós e contras de cada opção e deixe o grupo refletir, expor as suas opiniões.

Dica para o mediador

Faça deste momento um momento agradável para ir surgindo questionamentos. Nos grupos experimentais, o grupo acaba criando uma ou duas opções novas, que não estão disponíveis nos *slides*.

Slide 8.8

Conforme a discussão vai ocorrendo, o mediador demonstra a tabela com os prós e contras de cada opção, assim causando um momento de reflexão para o grupo. É comum que enquanto eles discutam sobre as opções, naturalmente já relatem os prós e contras.

O mediador lê essas opções e começa a discutir.

Slide 8.9

Neste momento o mediador começa a questionar e buscar a capacidade empática dos participantes do grupo, perguntando-lhes: "Nas opções B e D como você se sentiria após ter conseguido resolver o problema?"

Dica para o mediador

Nos grupos experimentais, muitos participantes responderam que nessa primeira opção se sentiriam bem, por salvar as suas vidas. Mas não é somente isso que devemos obter como resposta. O mediador deve tentar entender o que é esse "sentir bem", perguntando a quem responder:

- "Como assim 'bem'?"
- "Nas opções A e C, como você se sentiria com a responsabilidade de guiar o grupo?"

Dica para o mediador

O mediador aqui tem que sentir como é para o grupo se colocar no lugar do outro e realizar paralelos nos quais muitas vezes em nossas vidas teremos que tomar decisões por outras pessoas, não necessariamente em situação de risco como a atividade propõe, mas teremos que guiar as pessoas para a decisão.

A partir dessa reflexão, procurar identificar como os participantes do grupo se sentem quando auxiliam as pessoas a tomarem decisões.

Como o grupo é feito com pais de crianças/adolescentes, é interessante o mediador abranger o assunto de como os pais se sentem ao terem que tomar decisões pelos seus filhos, sendo que ser pai é tomar decisões por terceiros, enquanto eles não amadurecem esta função.

Slide 8.10

Neste momento o mediador questiona o grupo com as seguintes perguntas:

- "O que você faria?"
- "Pediria para você ou para ajudar as pessoas?"
- "Qual o porquê da sua decisão?"

A partir das respostas que forem surgindo o mediador vai discutindo com o grupo e causando um momento de reflexão com os participantes.

Dica para o mediador

Pode ocorrer de ter alguma pessoa no grupo que responda que se salvaria e não ajudaria as outras pessoas. Não se assuste! Neste momento, deve-se tentar entender por que a pessoa resolveria a situação desse jeito, tentando trazê-la para a reflexão do grupo. Caso não ocorra o "resultado esperado", tentar compreender o porquê dessa forma de pensamento.

Slide 8.11

Apresentar ao grupo o ciclo da tomada de decisão e questioná-los se, conforme eles foram tentando solucionar a situação apresentada, eles pensaram no ciclo. Refazer a leitura com o grupo.

Dica para o mediador

Aqui é legal que o mediador pergunte: "Dos seis passos que tem o ciclo de tomada de decisão, qual vocês acham que é o mais importante para resolver a situação apresentada e por quê?"

Aguardar a resposta dada pelo grupo e questioná-los sobre o motivo daquele passo ser o mais importante.

Slide 8.12

O mediador fará a pergunta: "Você já tentou se colocar no lugar de outra pessoa diante de uma tomada de decisão?"

Aqui irão surgir algumas histórias de vida dos participantes. O mediador deve ouvir atentamente e tentar entender como aquela pessoa se sentiu no lugar da outra, questionar se foi para tomar alguma decisão ou não, assim promovendo uma roda de conversa para ir finalizando o grupo.

Slide 8.13

Finalizar com o Recuperando a Atividade (Anexo G).

SESSÃO 9 – CRIANDO HISTÓRIAS

- Estimular o planejamento e a tomada de decisão.
- Estimular a criatividade.
- Estimular resoluções de problemas.

Slide 9.1

Para iniciar a Sessão 9, o mediador aplica o termômetro que é a folha do Anexo B, por meio do qual se pode saber quais são as expectativas dos participantes para essa tarefa e também quebrar um pouco o gelo.

Slide 9.2

Neste momento o mediador introduz brevemente o que será feito. Explicar que a história será criada em duplas e haverá regras para que essas histórias sejam criadas. É importante tentar seguir essas regras. No final de cada história a dupla poderá apresentar para o grupo, só que o grupo poderá trocar o que acontece na história.

Slide 9.3

Para criar as histórias, o mediador lê as regras, que os participantes terão que seguir para criar suas histórias.

Regras:

- Uma situação em que os personagens entrem em uma situação de risco.
- A resolução dessa situação de risco.
- Como eles se sentiram nessa situação.
- Terminando a sua história, conte para o grupo e observe as opiniões e diferentes resoluções.

O mediador deve colocar algumas situações que podem ocorrer durante a condução do grupo, lembrando que esse momento é uma discussão com os participantes.

- "Como vocês lidariam se alguém mudasse a sua história?"
- "Vocês pensam que será fácil construir a história?"
- "Vocês já fizeram algo parecido?"
- "Quais são as expectativas em relação a esta tarefa?"

Conforme os questionamentos forem surgindo e sendo direcionados para o mediador do grupo, ele deve colocar de volta para o grupo e deixá-lo resolver essas perguntas, assim criando um momento de reflexão.

Slide 9.4

Neste momento o mediador lê com os participantes do grupo o ciclo da tomada de decisão, enfatizando que ele está adaptado para a nossa atividade do dia.

Slide 9.5

Para enfatizar o ciclo da tomada de decisão e os participantes perceberem que podem aparecer situações que vão exigir um passo específico do ciclo da tomada de decisão, perguntamos qual dos passos eles acreditam que teremos que enfatizar nesta atividade.

O mediador deve questionar "Qual desses passos é o mais importante, na sua opinião?" e se eles acham que pensar nas consequências do seu desfecho é importante ou não.

Slide 9.6

Aqui o mediador pontua para o grupo que iremos começar a nossa atividade do dia.

Slide 9.7

Materiais necessários:

Slide 9.8

Neste momento, dar a folha de papel sulfite para os participantes, apresentar o quadro com os elementos a serem utilizados para criar a história de número 1 e dar um tempo para que a criação da história ocorra.

As palavras para história 1 são: Luciana, férias e carro.

Slide 9.9

Pedir que os participantes contem de forma breve as suas histórias. Se o grupo for grande, priorizar de duas a três histórias e gerar uma breve discussão grupal.

Dica para o mediador

Exemplo de história: "Luciana foi para o Rio de Janeiro de férias. Chegando lá, entrou em uma rua errada e quis pedir informações. Um moço falou para ela não ficar lá porque era muito perigoso. Luciana então deu a volta e foi para a estrada, onde pediu informações para os policiais, porque ficou com medo." [História de um homem de 39 anos do grupo experimental.]

Slide 9.10

Entregar os materiais para os participantes, apresentar o segundo quadro com os elementos que eles deverão utilizar para criar a história de número 2 e dar um tempo para a produção.

As palavras para história 2 são: montanha-russa, final de semana e borboleta.

Slide 9.11

Pedir para algum dos participantes contar a sua história ao grupo e criar uma breve discussão grupal.

Dicas para o mediador

Se o grupo for grande, escolher dois ou três para criar a dinâmica proposta, lembrando também que o interessante é circular entre os participantes para não serem sempre os mesmos a ler. Salientamos que pode ocorrer de os participantes serem mais retraídos, assim, não se deve forçar a participação.

Exemplo de história: "Dois irmãos foram para o parque de diversões com os seus pais e quiseram ir à montanha russa. Entretanto, um deles não amarrou direito o cinto de segurança. Quando a montanha russa estava lá no alto, uma borboleta passou, a criança menor tentou pegá-la e quase caiu da montanha russa. Só não caiu porque o seu pai a segurou pela camiseta e ela ficou pendurada." [História de uma mulher de 53 anos do grupo experimental.]

Slide 9.12

Entregar uma folha de papel sulfite para os participantes, apresentar o terceiro quadro com os elementos que eles deverão utilizar para criar a história e dar um tempo para a produção.

As palavras para história 3 são: Marcelo, Marta, dia de sol, parque e Paris.

Slide 9.13

Pedir para algum dos participantes contar sua história para o grupo.

Slide 9.14

Neste momento o mediador deverá instigar a reflexão do grupo, realizando as seguintes perguntas e causando breve discussão:

- "Como você se sentiu com a interferência das pessoas sobre a sua narrativa?"
- "Já aconteceu com você de estar contando algo e alguém te interromper, modificar ou fazer interferências?"
- "Como você se sentiu na realização dessa tarefa? E na situação narrada por você?"

Neste momento, promover uma breve conversa com os participantes do grupo, tentando levantar exemplos da vida diária dos participantes.

Slide 9.15

O mediador deverá iniciar uma discussão sobre os sentimentos deles, e deverá perguntar ao grupo: "Qual foi o sentimento que predominou quando você teve que ouvir a interferência dos seus colegas sobre o que você estava contando?"

Neste momento, é interessante que o mediador conduza a discussão encaixando o tema da empatia na conversa, tentando associar se esse sentimento que eles sentiram durante esta tarefa já foi sentido em algum momento da vida deles.

Dica para o mediador

Tentar conduzir este assunto sempre de maneira leve, tentando associar o tema da atividade com a vida diária dos participantes, criando paralelos com a teoria da tomada de decisão.

Sempre relembrar que o mediador, por mais que conduza as conversas e tente sempre encaminhar a condução para o caminho, terá que lidar com os desvios de assuntos que aparecem por parte dos participantes e sempre direcionar a produção de fala dos participantes para as questões relativas à tomada de decisão.

Slide 9.16

Neste momento o mediador lança a pergunta para o grupo: "Você já se sentiu em perigo por alguma decisão que você tomou?"

Discuta com o grupo conforme as respostas forem aparecendo e tente causar uma reflexão entre os participantes.

Slide 9.17

Finalizar com o Recuperando a Atividade (Anexo G).

SESSÃO 10 – PENSANDO NA VIDA DIÁRIA

- Trazer situações do cotidiano para o encontro de tomada de decisão.
- Estimular raciocínio de prós *versus* contras das situações.
- Estimular a checagem da tarefa realizada.

Slide 10.1

Para iniciar a Sessão 10, o mediador aplica o termômetro que é a folha do Anexo B, por meio do qual se pode saber quais são as expectativas do participante para essa tarefa e também quebrar um pouco o gelo.

Slide 10.2

Neste momento, o mediador começa a esquentar os ânimos dos participantes do grupo, propondo uma breve discussão sobre uma situação, na qual eles terão que tomar uma decisão. Essa situação pode parecer uma situação simplória, porém, é importante tomarmos uma decisão, mesmo nas coisas simples.

Situação: "O que você faria se visse uma pessoa arrancando uma árvore no parque perto da sua casa enquanto você conversa com o seu amigo?"

Dica para o mediador

Neste exemplo, se o mediador quiser, pode adaptar o assunto conforme o tema do momento, para sempre os participantes terem opiniões e ser algo ligado às experiências de vida deles.

Slide 10.3

Aqui conforme os participantes forem dando as respostas, o mediador as classificará como algo positivo (prós) ou negativo (contra) e conduzirá uma breve discussão. O maior desafio do mediador neste momento é fazer *links* com tudo o que já foi dado até aqui.

Slide 10.4

Após o aquecimento, perguntamos para o grupo se há mais alguma situação de tomada de decisão que alguém queira compartilhar.

Exemplos de condução para o mediador

No grupo experimental um dos participantes contou a seguinte situação:

Participante: "Ontem no meu serviço, uma das máquinas quebrou e eu chamei a manutenção, mas os responsáveis não vinham, então eu tinha duas opções: a primeira era tentar segurar a produção no braço, mas machucaria a minha lombar, e a segunda era parar a máquina e ver no que daria… Eu fiquei com medo, mas não podia machucar as minhas costas."

Mediador: "E o que você fez?"

Participante: "Eu decidi parar a máquina para não me machucar."

Mediador: "Ok! Você sabe me falar os prós e contras da sua decisão?"

Participante: "Sim! O pró seria me prevenir de acidente, já que o lema da empresa é a segurança do trabalhador, e o contra seria tomar uma bronca do meu encarregado ou até mesmo tomar uma advertência."

Mediador: "Muito bom! E o que ocorreu depois dessa tomada de decisão?"

Participante: "O meu encarregado passou e foi perguntando por que a máquina estava parada, aí tive que explicar tudo o que estava acontecendo, ele até tentou me questionar, mas argumentei e mostrei que a minha decisão foi a melhor a ser tomada."

Mediador: "O que vocês acham dessa história, grupo?"

Dica para o mediador

O mediador pode aproveitar o exemplo de um dos participantes para que os outros se coloquem no lugar da pessoa e consigam visualizar se foi uma escolha que evitaria problemas ou que poderia aumentá-los. Este é o momento de convidar a todos para participar da atividade.

Slide 10.5

Aqui o mediador pontua para o grupo que iremos começar a nossa atividade do dia.

Slide 10.6

Neste *slide,* o mediador apresenta rapidamente os materiais a ser utilizados. Materiais utilizados:

- Resolução de problemas.
- Tabela dos Pensamentos (Anexo F).
- Recuperando a Atividade (Anexo G).
- Lápis ou caneta.
- Folhas de papel sulfite.
- Ciclo da Tomada de Decisão (Anexo E).

Slide 10.7

O mediador apresenta uma situação em que há um personagem chamado Pedro, que está passando por dificuldades escolares. Ele precisa tomar uma decisão, e o grupo deve se colocar no lugar dele para fazer a escolha.

Slide 10.8

Neste momento o mediador mostra o *slide* com as opções disponíveis para o nosso personagem para tomar sua decisão. Dar um tempo de 5 minutos para que os participantes respondam a situação apresentada na sua folha.

Dica para o mediador

Nos grupos experimentais, ocorreu que após a leitura das opções disponíveis, os participantes foram discutindo entre eles e chegando a conclusões, em dados momentos até criando hipóteses não apresentadas. Deve-se valorizar essa criação.

Slide 10.9

Após a leitura da situação e antes que comece a discussão, o mediador apresenta para os participantes do grupo o ciclo da tomada de decisão e enfatiza sua importância para a resolução dos problemas das situações.

Slide 10.10

O mediador enfatiza que não é somente o ciclo das situações que nos auxilia a escolher, mas que, também, dependendo da nossa escolha, há prós e contras, e isso gera consequências em longo ou curto prazo, portanto é sempre importante que eles se lembrem disso.

Slide 10.11

Neste momento o mediador confirma com o grupo que para ter sempre uma boa resolução de problemas e consequentemente uma tomada de decisão correta, é necessário unir os dois passos citados anteriormente e treinados em todas as sessões até o momento.

O mediador deve incentivar que os participantes juntem as as duas fórmulas para tentar resolver o exercício apresentado.

Slide 10.12

Aqui o mediador pergunta qual opção cada um dos participantes escolheu, assim direcionando para o bloco, por exemplo:
- O participante escolheu a opção A, ele irá para o bloco A.
- O participante escolheu a opção B, ele irá para o bloco B.

Slide 10.13

O mediador lê as opções disponíveis dentro do bloco A. O mediador pode abrir janelas de prós e contras de cada opção, assim deixando a atividade mais rica em conteúdo.

Slide 10.14

Neste *slide*, juntamente com os participantes, o mediador realiza as divisões de prós e contras, conforme eles vão analisando a situação.

Slide 10.15

O mediador lê as opções disponíveis dentro do bloco B e auxilia os participantes a ponderarem suas escolhas.

Slide 10.16

Após o mediador apresentar as opções que os participantes têm, dar um tempo para reflexão de forma individual e depois começar a discutir em grupo, qual foi a escolha e por quê.

Aqui, conforme o participante verbaliza sua decisão, o mediador também pode indagar se eles se lembraram desses conceitos na hora de tomar a decisão para ajudar o personagem.

Nos grupos experimentais a experiência foi boa, pois, conforme a situação foi apresentada aos participantes, eles já começaram a discutir entre si e achar soluções, nem sendo necessário, assim, utilizar a folha de papel sulfite.

Slide 10.17

Neste momento o mediador apresenta o quadro das consequências de curto e longo prazo e os sentimentos envolvidos nessa decisão.

Dica para o mediador

No grupo experimental, por estarmos no décimo encontro, os participantes começaram a separar sozinhos em consequências de longo e curto prazo conforme foram ouvindo a situação e as opções disponíveis. O que precisou ser estimulado foram os sentimentos envolvidos.

Slide 10.18

O mediador irá esmiuçar como foi resolver esse breve problema, realizando as seguintes perguntas ao grupo:

- "Como você resolveu este problema?"
- "Foi fácil ou difícil?"
- "Conforme você leu o problema, já sabia o que fazer?"

Slide 10.19

Neste momento o mediador apresenta aos participantes a segunda situação do dia.

"Alex é um garoto de 12 anos que gosta muito de doces, frituras e carboidratos. No entanto, ele ganhou muito peso nos últimos três meses e tem sentido as consequências, ou seja, alterações durante o treino de futebol como cansaço e falta de ar durante os treinos. A nutricionista teve que fazer algumas alterações na dieta de Alex e terá que tomar algumas decisões."

Pode-se ler os *slides* para eles ou dar a folha com a situação.

Slide 10.20

Neste momento o mediador mostra o *slide* com as opções disponíveis que o nosso personagem tem para tomar sua decisão. Dar um tempo de 5 minutos para que os participantes respondam na sua folha a situação apresentada.

Slide 10.21

Aqui o mediador pergunta se, para todas as respostas dadas até o momento, eles pensaram nesse esquema em que analisam ao mesmo tempo os prós e contras e as consequências de curto e longo prazo. Reler o esquema para o grupo, enfatizando que geralmente as situações ocorrem dessa maneira.

Dica para o mediador

Conforme o mediador pergunta para o grupo se eles se lembram do ciclo de tomada de decisão e vier uma resposta negativa, tem que tentar explorar o porquê dos participantes não se lembrarem do ciclo, numa tentativa de entender o que está ocorrendo. Tentar introduzir novamente o ciclo ou até mesmo questioná-los o que está fazendo que eles não se lembrem.

Slide 10.22

Começar a indagá-los para que se inicie uma discussão grupal sobre a situação apresentada, realizando as seguintes perguntas:
- "Quais consequências de curto e longo prazo você encontrou?"
- "Quais são positivas e quais são negativas?"
- "Qual opção você escolheu?"
- "Você teve dúvidas de como faria a atividade?"

Slide 10.23

Neste momento o mediador apresenta a situação três aos participantes. Aqui o mediador pode ler o *slide* ou entregar a folha com a situação.

"João tem dois cachorros que dormem com ele, mas seus pais começaram a perceber que seu quarto além de muito desorganizado, estava muito sujo. João erá que tomar algumas decisões em relação a sua higiene e cuidado com o cachorro."

Slide 10.24

O mediador lê as opções que os participantes têm para resolver a situação apresentada. Dar um tempo de aproximadamente 5 minutos para a resolução do caso e posterior discussão.

Slide 10.25

Começar a indagá-los para que se inicie uma discussão grupal sobre a situação apresentada, realizando as seguintes perguntas:
- "Quais consequências de curto e longo prazo você achou?"
- "Quais foram as consequências positivas e negativas?"
- "Qual opção você escolheu?"

Slide 10.26

Agora o mediador se encaminha para o fechamento desse encontro, realizando as seguintes perguntas aos participantes:
- "Como foi realizar a tarefa do dia?"

- "Qual sentimento você sentiu mais ao longo da tarefa?"
- "Você mudaria algum comportamento que teve durante a tarefa? Qual?"
- "Você já viveu algo parecido? Como foi?"

Slide 10.27

Finalizar com o Recuperando a Atividade (Anexo G).

Dica para o mediador

Conforme o mediador pergunta qual assunto foi tratado na sessão, geralmente os participantes respondem: "Tomada de decisão!". Não se contente somente com essa resposta, tente tirar mais conteúdos dos participantes, podendo até o mediador fazer a pergunta e logo na sequência já responder, tomada de decisão, para abrir espaço para outros tópicos.

SESSÃO 11 – CICLO DAS DECISÕES

- Estimular a empatia pelo personagem apresentado.
- Estimular a tomada de decisão.
- Estimular o planejamento para as tarefas.

Slide 11.1

Para iniciar a Sessão 11, o mediador aplica o termômetro que é a folha do Anexo B, por meio do qual conhecemos quais são as expectativas dos participantes para essa tarefa.

Slide 11.2

Neste momento, o mediador comunicará aos participantes que juntaremos todos os conhecimentos e experiências vividas até aqui, realizando as seguintes perguntas:

- "Você se lembra da nossa última atividade?"
- "O que você achou dela?"
- "Como foi tomar uma decisão pensando nas consequências de seus atos?"

Slide 11.3

Após as respostas das perguntas acima, o mediador tem que enfatizar que, para uma boa resolução de problemas e uma tomada de decisão, sempre é necessário se lembrar dos passos do ciclo da tomada de decisão, assim lendo os ciclos para os participantes.

Slide 11.4

Enfatizar também que todo ciclo tem um complemento e ler para os participantes esse esquema do *slide*, reforçando que toda tomada de decisão tem as suas consequências em curto e longo prazo e os seus prós e contras.

Dica para o mediador

Aqui o mediador pode deixar claro que todas tomadas de decisões em nossa vida têm consequências, só que temos que tomar decisões que nos tragam menos prejuízos, ou seja, menos consequências ruins/contra.

Slide 11.5

Aqui o mediador apresenta novamente a folha de prós e contras. Deve falar sobre a importância de reconhecermos quais sentimentos estão envolvidos na tomada de decisão, assim influenciando os prós e contras.

Dica para o mediador

Como já estamos nos aproximando do final, no grupo experimental, colocamos teoria e abrimos um espaço para falar sobre a diferença entre tomada de decisão fria (algo mais voltado para o racional) e quente (algo mais voltado para a impulsividade, mistura de sentimentos). Após essa breve discussão, deixar um espaço para breve discussão.

Slide 11.6

O mediador enfatiza que neste momento daremos início a nossa atividade do dia.

Slide 11.7

Materiais utilizados:

- Ciclo da Tomada de Decisão (Anexo E).
- Tabela dos Pensamentos (Anexo F).
- Recuperando a Atividade (Anexo G).
- Lápis e caneta.

Neste momento o mediador apresenta de forma rápida para os participantes os materiais a serem utilizados nesta sessão.

Slide 11.8

O mediador apresenta para o grupo a situação. Ela pode ser lida no *slide* ou entregue em papel impresso, ficando a critério do profissional ou da dinâmica do grupo. Espera-se que os participantes já tenham consolidado o ciclo de tomada de decisão, então, nesta atividade, os participantes se colocariam no lugar do personagem (empatia) e tentariam da melhor forma resolver o problema apresentado, já pensando nos prós e contras de cada decisão.

"Ricardo tem 17 anos e o seu aniversário é no sábado dia 11 de novembro. Ele decidiu fazer uma festa para os seus amigos da escola e da rua de sua casa. Ricardo também resolveu colocar um tema na festa para ficar mais divertido: "a noite da pizza". Só que ele só conseguiu pensar no objetivo que é fazer a noite da pizza no sábado dia do seu aniversário, mas ele ficou muito ansioso com a festa e não consegue mais pensar. Qual é o próximo passo? Nesse momento o grupo deve discutir as possíveis etapas e tomadas de decisões que Ricardo terá que tomar."

Slide 11.9

Neste momento o mediador deverá explicar as sugestões para resolução da atividade para os participantes, dando as seguintes opções:

- Colocar os passos que o personagem deverá fazer no esquema a seguir.
- Criar a sua própria lista e depois passar a limpo no esquema.

Slide 11.10

Como estratégia para deixar os participantes mais confiantes nesta sessão, o mediador deve apresentar o ciclo da tomada de decisão e enfatizar que eles terão que fazer este ciclo pensando na situação dada.

Slide 11.11

O mediador deve discutir os passos mais importante na resolução dessa atividade.

Primeiro, identificar qual é o objetivo do Ricardo e depois fazer a simulação de como seria a lista de tarefas que ele teria que realizar.

Dica para o mediador

Este *slide* pode ser utilizado de dois modos:

- Conforme os participantes forem dando as respostas.
- Após os participantes darem a resposta – *checklist* das respostas.

Slide 11.12

O mediador deve perguntar para os participantes qual passo o personagem esqueceu na hora de tomar a sua decisão.

Slide 11.13

Aqui o mediador deve verbalizar que será dada mais uma situação, assim podendo ler o *slide* ou entregar a situação impressa para os participantes. Marcela tem 11 anos e está no quinto ano da escola e daqui a duas semanas será sua feira de ciências. Ela terá que montar uma maquete falando sobre os diferentes estados da água e apresentar para os seus professores e seus pais. Situação que a está deixando ansiosa e nervosa, sentimentos que estão bloqueando o seu pensamento e ela não sabe por onde começar a montar a maquete."

Nesse momento o grupo deve discutir as possíveis etapas e tomadas de decisões que Marcela terá que tomar.

Slide 11.14

Neste momento o mediador dá o comando para a realização da tarefa falando: "Liste os seis primeiros passos do ciclo de tomada de decisão para auxiliar Marcela nesta tarefa."

Slide 11.15

Neste segundo momento, após a realização da primeira instrução, o mediador fala: "Vamos anotar os passos que Marcela deve fazer para conseguir montar sua maquete com os estados da água para apresentar."

Slide 11.16

Durante as atividades, sempre será necessário incentivar os participantes. Este é o momento, incentive os participantes, reforce-os a continuar a treinar com mais uma atividade.

Slide 11.17

Neste momento o mediador avisa que tentaremos mais um desafio, assim podendo-se ler a situação número três ou entregar para os participantes a folha impressa com a situação. O ideal é que sejam feitas as duas opções citadas.

"Rafael tem 8 anos e adora jogar futebol com os meninos que moram na sua rua. Um de seus amigos deu a ideia deles fazerem um campeonato de futebol no final de semana e dividiram as tarefas. Rafael ficou encarregado de trazer as bandeirinhas, para decorar, os sucos para servir na festinha do time ganhador e os salgadinhos. Por algum motivo, Rafael confundiu as datas e quando percebeu já era sexta-feira à tarde e o campeonato começa no sábado às 8 horas. Ele ficou tão ansioso e perdido que não consegue se organizar para fazer as coisas e entregá-las no prazo."

Nesse momento o grupo deve discutir as possíveis etapas e tomadas de decisões que Rafael terá que tomar.

Slide 11.18

Aqui o mediador pode ajudar os participantes a se organizarem para fazer a atividade e incentivar a tomada de decisão e a resolução de problemas, perguntando aos participantes:

- "O que Rafael deve fazer primeiro?"
- "Quando Rafael se sentir nervoso ou ansioso, será fácil de resolver o problema e tomar sua decisão?"

- "Qual dos passos do ciclo da tomada de decisão Rafael tem que priorizar?"

Slide 11.19

Como a sessão está finalizando, o mediador deverá realizar as perguntas a seguir:

- "Como foi ter que pensar em situações que podem ocorrer no nosso dia a dia?"
- "Você se identificou com alguma situação?"
- "Em qual passo do nosso ciclo de tomada de decisão você pensou primeiro? Por quê?"
- "Agora, durante a nossa discussão, você mudaria a sua tomada de decisão? Por quê?"

Dica para o mediador

Esse é um momento de reflexão. É importante dar valor às falas espontâneas e percepções de cada participante. Essa reflexão é muito importante para que os participantes se apropriem da forma que estão tomando as suas decisões.

Slide 11.20

Finalizar com o Recuperando a Atividade (Anexo G).

SESSÃO 12 – SITUAÇÕES DE VIDA DIÁRIA

- Explicação sobre os tipos de tomada de decisão (fria e quente).
- Recapitular o aprendido até o momento.
- Estimular a tomada de decisão.
- Estimular planejamento.

Slide 12.1

Para iniciar a Sessão 12, o mediador aplica o termômetro que é a folha do Anexo B.

Dica para o mediador

Como esta é a última sessão, aqui o mediador pode explorar, se os participantes do grupo conseguem perceber se há diferença nos seus sentimentos relatados no início de cada sessão.

Exemplo:

Mediador: "Como vocês estão se sentindo hoje para tomar uma decisão?"

Participante: "Menos ansioso!"

Mediador: "Como assim?"

Participante: "Pensando nos últimos encontros, estou me sentindo menos ansioso."

Mediador: "Se formos pensar nos seus termômetros, de todas as sessões, você acha que os seus sentimentos em relação à tomada de decisões mudaram?"

Participante: "Sim!"

Slide 12.2

Neste momento, o mediador deverá começar a estimular os participantes do grupo a participarem:

- "Você está preparado para utilizar tudo que foi aprendido até aqui?"
- "Se não, por quê?"

Após as respostas, o mediador pode ir conversando com o grupo, incentivando-os.

Dica para o mediador

Caso surjam falas de que os participantes não se sentem preparados para tomar uma decisão com tudo que já foi trabalhado até aqui é indicado que se explore o motivo dessa insegurança. Será que ele não entendeu as etapas do Ciclo de Tomada de Decisão? Será que ele não sabe avaliar as consequências? Será que ele tem dificuldade de se colocar no lugar do outro? Essa resposta será muito importante para direcionar as novas orientações do mediador.

Slide 12.3

O mediador repassa o que já foi apresentado ao longo das sessões, retomando os esquemas apresentados no *slide* sobre a identificação dos prós e contra em uma situação específica e como isso influencia na tomada de decisão.

Slide 12.4

Neste momento, o mediador pode ir colocando os participantes já no clima da sessão, realizando as seguintes perguntas aos participantes do grupo:
- "Nesse momento tem alguma situação que você queira decidir?"
- "Você se sente mais preparado para tentar decidir essa situação? Se não, por quê?"

Slide 12.5

O mediador enfatiza que irá começar a atividade do dia.

Slide 12.6

Materiais utilizados:
- Ciclo da Tomada de Decisão (Anexo E).
- Recuperando a Atividade (Anexo G).
- Lápis ou caneta.

O mediador apresenta de forma rápida os materiais que serão usados na sessão.

Slide 12.7

O mediador explica um pouco mais sobre tomada de decisão, mas para isso faz com que os participantes parem e pensem nas situações do cotidiano deles. Assim o mediador indaga: "Há situações que envolvem emoções mais fáceis ou mais difíceis de lidar, mas as emoções estão e devem estar envolvidas em todas as nossas decisões".

O mediador pergunta: "Em qual dessas situações você se sente melhor para tomar uma decisão? Por quê?"

Slide 12.8

O mediador deve indicar que: "Pensando no que aprendemos durante essas 12 sessões, vamos parar e pensar em uma situação que você gostaria de planejar, tomar a decisão e colocar em prática. Pode ser qualquer situação que venha à sua mente."

Dica para o mediador

É muito importante que o mediador estimule que os participantes deem exemplos pessoais das situações que precisam tomar decisão. Assim o grupo poderá refletir sobre uma situação real que realmente envolve questões emocionais associados.

Slide 12.9

O mediador relembra que, para resolver essa situação que eles colocaram no papel, é necessário sempre se lembrar do ciclo de tomada de decisão.

Slide 12.10

Neste *slide,* o mediador enfatiza que toda decisão que tomamos tem seu lado positivo e negativo e as consequências a curto e a longo prazo, assim demonstrando o *slide* aos participantes.

Slide 12.11

Conforme o mediador dá o tempo da atividade e deixa os participantes resolvendo a situação, no meio do tempo ou conforme o mediador sentir necessidade, ele indaga os participantes:

- "Como estamos indo?"
- "Está sendo fácil ou difícil?"
- "Está utilizando o ciclo de tomada de decisão?"

Slide 12.12

Aqui iniciamos a finalização do grupo, assim o mediador deve promover a compreensão da tarefa, perguntando:

- "Qual foi a sua maior dificuldade para iniciar a tarefa?"
- "Conseguiu pensar em algo com facilidade?"
- "Essa tarefa foi mais fácil do que as outras? Se não, por quê?"

Slide 12.13

Neste momento continuamos os questionamentos, perguntando aos participantes:

- Que ansiedades e nervosismos essa situação te lembra?
- Essa situação já ocorreu? Você faria diferente? Como?
- Conseguiu identificar os prós e contras dessa decisão?

Slide 12.14

Finalizar com o Recuperando a Atividade (Anexo G).

Slide 12.15

Aqui, como sugestão, o mediador pode quantificar os dados do seu grupo, ficando a seu critério a aplicação da Escala de Apoio (Anexo A).

ANEXO A – ESCALA DE APOIO

Nome do participante: _____

Data da aplicação: _____

Questionário pré e pós-treino cognitivo

Antes do início das atividades, responda às perguntas a seguir de forma adequada e com sinceridade, não tendo vergonha. Lembre-se de que não há certo ou errado.

Este questionário tem 10 afirmativas. Depois de ler cada afirmativa, circule o número (1, 2, 3, 4 ou 5), próximo à afirmação, que melhor descreve a maneira como você pensa e se sente.

1. Quando estou diante de uma situação em que irei viajar, por exemplo, e tenho que arrumar as minhas malas, deixar meu quarto organizado e limpar as tigelas do meu cachorro, ou seja, tenho que me planejar, eu me sinto nervoso e irritado por não conseguir fazer as coisas certas.
   1. Nada a ver comigo.
   2. Pouco a ver comigo.
   3. Indiferente.
   4. Muito a ver comigo.
   5. Tudo a ver comigo.

2. Quando tenho que escolher entre dois jogos divertidos para brincar com um colega e não consigo me decidir, eu geralmente me sinto confuso e irritado.
   1. Nada a ver comigo.
   2. Pouco a ver comigo.
   3. Indiferente.

4. Muito a ver comigo.
5. Tudo a ver comigo.

3. Eu me sinto nervoso quando tenho que tomar decisões ou fazer escolhas.
   1. Nada a ver comigo.
   2. Pouco a ver comigo.
   3. Indiferente.
   4. Muito a ver comigo.
   5. Tudo a ver comigo.

4. Eu me sinto ansioso quando tenho que tomar uma decisão, planejar algo ou escolher entre várias opções.
   1. Nada a ver comigo.
   2. Pouco a ver comigo.
   3. Indiferente.
   4. Muito a ver comigo.
   5. Tudo a ver comigo.

5. Diante de uma decisão ou planejamento, eu me sinto uma pessoa ruim por não conseguir e ser diferente das outras pessoas.
   1. Nada a ver comigo.
   2. Pouco a ver comigo.
   3. Indiferente.
   4. Muito a ver comigo.
   5. Tudo a ver comigo.

6. Diante de uma decisão ou planejamento, eu me sinto a pessoa mais centrada naquele momento.
   1. Nada a ver comigo.
   2. Pouco a ver comigo.
   3. Indiferente.
   4. Muito a ver comigo.
   5. Tudo a ver comigo.

7. Muitas vezes eu deixei de participar de alguma atividade por ter vergonha do meu comportamento desajeitado.
   1. Nada a ver comigo.
   2. Pouco a ver comigo.
   3. Indiferente.
   4. Muito a ver comigo.
   5. Tudo a ver comigo.

8. Há momentos em que eu sinto uma tristeza profunda e não consigo agir diante das situações, como se algo me paralisasse.
   1. Nada a ver comigo.
   2. Pouco a ver comigo.
   3. Indiferente.
   4. Muito a ver comigo.
   5. Tudo a ver comigo.

9. Quando estou em uma roda de amigos, tenho a sensação de não pertencer ao grupo que frequento, sentindo-me sempre com medo de falar, de expor minhas opiniões.
   1. Nada a ver comigo.
   2. Pouco a ver comigo.
   3. Indiferente.
   4. Muito a ver comigo.
   5. Tudo a ver comigo.

10. Há momentos em que percebo não prestar atenção nas coisas que faço e acabo não conseguindo me organizar.
    1. Nada a ver comigo.
    2. Pouco a ver comigo.
    3. Indiferente.
    4. Muito a ver comigo.
    5. Tudo a ver comigo.

ANEXO B – TERMÔMETRO DAS EMOÇÕES

Como você está se sentindo no dia de hoje para tomar uma decisão? Pare, pense e perceba como você está sentindo.

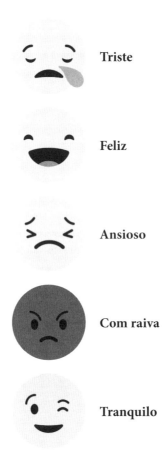

ANEXO C – PENSÔMETRO PARA FAMILIARES

1. Quais são os sintomas da falta de planejamento que você considera mais problemáticos para você que está inserido na família com ele?

   _____

   _____

   _____

2. Quais são os três aspectos mais importantes em que os sintomas (citados acima) afetaram a relação dele com os amigos?

   1 _____

   _____

   _____

   2 _____

   _____

   _____

   3 _____

   _____

   _____

ANEXO D – PENSÔMETRO PARA PARTICIPANTE DO GRUPO

1. Quais são os sintomas de falta de planejamento que você considera mais problemáticos e que dificultam sua vida?
   _____
   _____
   _____

2. Quais são os três aspectos mais importantes em que esses sintomas (citados acima) prejudicaram seu relacionamento com seus amigos?
   1 _____
   _____
   _____

   2 _____
   _____
   _____

   3 _____
   _____
   _____

ANEXO E – CICLO DA TOMADA DE DECISÃO

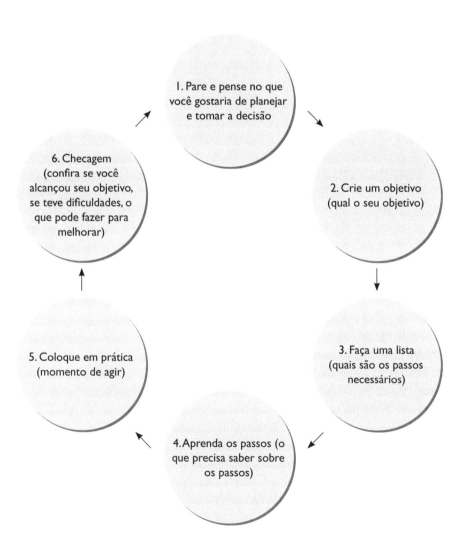

ANEXO F – TABELA DOS PENSAMENTOS

	Prós	Contras
Escolhas em curto prazo		
Sentimentos envolvidos		
Escolhas em longo prazo		
Sentimentos envolvidos		

ANEXO G – RECUPERANDO A ATIVIDADE

Agora é hora de relembrar o que você aprendeu durante a atividade proposta. Olhe as perguntas e tente recordar-se.

1. Sobre o que a atividade de hoje falou? (Pode ser definido em uma palavra.)

   _____
   _____
   _____

2. Qual parte da atividade você considera mais importante?

   _____
   _____
   _____

3. Se você puder escolher um símbolo, qual você escolheria para definir a atividade de hoje?

   _____
   _____
   _____

4. Qual parte da atividade realizada e do conteúdo conversado você mudaria?

   _____
   _____
   _____

5. Se um amigo muito legal, de quem você gosta muito, chegasse para você e te contasse que está tendo as dificuldades que foram faladas neste grupo hoje e você tivesse que ajudá-lo ou até mesmo explicar o que ele poderia fazer com base no que acabou de ser realizado, como você explicaria para ele o que foi discutido hoje? (Pode ser da forma como você preferir: escrita ou com desenhos.)

_____

_____

_____

ANEXO H – LABIRINTOS

Labirinto 1

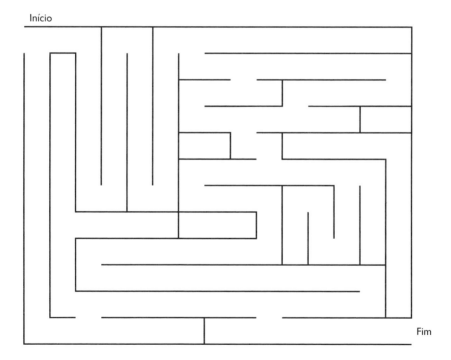

Labirinto 2

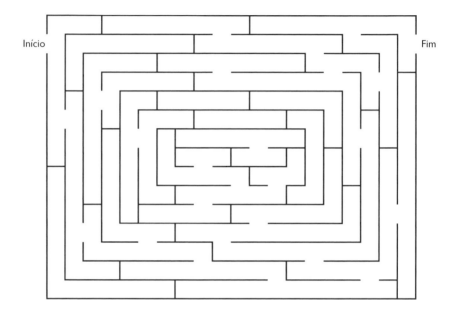

ANEXO H — LABIRINTOS 105

Labirinto 3

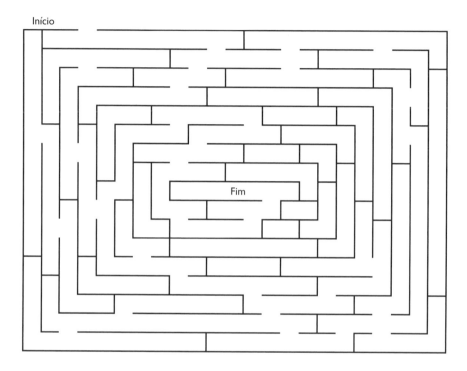

Labirinto 4

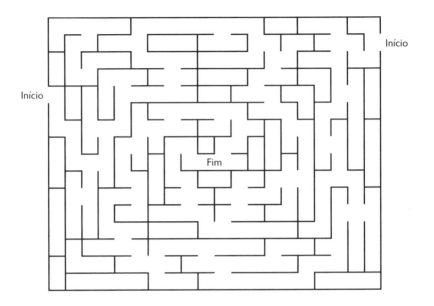

Labirinto 5

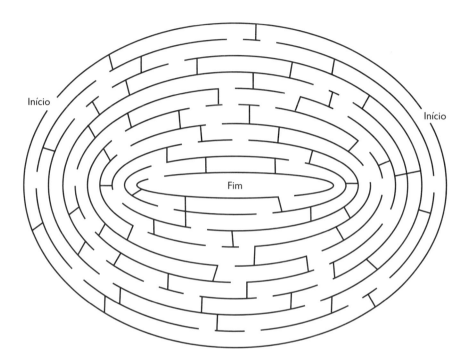

REFERÊNCIAS BIBLIOGRÁFICAS

1. Luria AR. Fundamentos de neuropsicologia. Rio de Janeiro: Universidade de São Paulo; 1981.
2. Cardoso CO, Cotrena C. Tomada de decisão examinada pelo Iowa Gambling Task: análise das variáveis de desempenho. Revista Neuropsicologia Latinoamericana. 2013;5(2):24-30.
3. Zelazo PD, Wendy SC, Happaney KR. Assessment of hot and cool executive function in young children: age-related changes and individual diferences. Toronto: Development Neuropsychology; 2005.
4. Bechara A, Damasio H, Damasio AR. Emotion, decision making and the orbitofrontal cortex. Iowa: Departament of Neurology, Division of Behavioral Neurology and Cognitive Neuroscience, University of Iowa College of Medicine; 2000.
5. Butman J, Allegri R. A cognição social e o córtex cerebral. Psicologia: Reflexão e Crítica. 2001;14(2):275-9.
6. Mischel W. O teste do marshmallow. Por que a força de vontade é a chave do sucesso. Rio de Janeiro: Objetiva; 2016.
7. Abrisqueta-Gomes J. Reabilitação neuropsicológica: abordagem interdisciplinar e modelos conceituais na prática clínica. Porto Alegre; 2012.
8. Santos FH, Andrade VM, Bueno OFA. Neuropsicologia hoje. 2. ed. Porto Alegre: Artmed; 2015.
9. Wilson BA. Reabilitação da memória: integrando teoria e prática. Porto Alegre: Artmed; 2011.
10. Sohlberg MM, Matter CA. Reabilitação cognitiva: uma abordagem neuropsicológica integrada. São Paulo: Santos; 2010.
11. Bechara A, Tranel D, Damasio H. Characterization of the decision-making deficit of patients with ventromedial prefrontal cortex lesions. Brain. 2000;123(11):2189-202.
12. Batllori J. Jogos para treinar o cérebro: desenvolvimento de habilidades cognitivas e sociais. São Paulo: Madras; 2007.
13. Carvalho JCN, Cardoso CO, Cotrena C, Bakos DGS, Kristensen CH, Fonseca RP. Tomada de decisão e outras funções executivas: um estudo correlacional. Ciências e Cognição. 2002;17(1):94-104.
14. Fuentes D, Malloy-Diniz LF. Neuropsicologia: teoria e prática. Porto Alegre: Artmed; 2008.
15. Fuentes D, Malloy-Diniz LF. Neuropsicologia: teoria e prática. 2. ed. Porto Alegre: Artmed; 2014.

16. Garon NM. Complex decision-making in early childhood. Canada: Dalhousie University; 2004.
17. Gomes AJ. Reabilitação neuropsicológica: abordagem interdisciplinar e modelos conceituais na prática clínica. Porto Alegre: Artmed; 2012.
18. Lezak MD, Hoieson DB. Neuropsychological assessment. 5. ed. New York: Oxford University Press; 2012.
19. Malloy-Diniz LF. Avaliação neuropsicológica. Porto Alegre: Artmed; 2010.
20. Malloy-Diniz LF, Mattos P. Neuropsicologia: aplicações clínicas. Porto Alegre: Artmed; 2016.
21. Manes F, Sahakian B, Clark L. Decision-making process following damage to the prefrontal cortex. Brain. 2002;125(3):624-39.
22. Moraes PHP, Malloy-Diniz LF. Avaliação neuropsicológica: panorama interdisciplinar dos estudos na normatização e validação de instrumentos no Brasil. São Paulo: Vetor; 2008.
23. Schneider DG, Parente MAMP. O desempenho de adultos-jovens e idosos na Iowa Gambling Task (IGT): um estudo sobre a tomada de decisão. Porto Alegre: Artmed; 2006.
24. Zelazo PD. The imensional change card sort (dccs): a method of assessing executive function in children. Ontario: Department of Psychology. University of Toronto; 2006.
25. Zelazo PD, Blair CE, Greenberg MT. The measurement of executive function in early childhood. Developmental Neuropsychology. 2005;28(2):561-71.
26. Zelazo PD, Carson SM. Hot and cool executive function in childhood and adolescence: development plasticity. Child Development Perspectives. 2012;6(4):354-60.
27. Zelazo PD, Craik FIME, Booth L. Executive function across the life span. Acta Psycologica. 2004;115(2-3):167-83.

ÍNDICE REMISSIVO

A

Acontecimentos de vida diária 40
Agendas/calendários 33
Ajudando a dar soluções 9, 44
Ansiedade 65
Aprendizagem 23
Argumentação 38
Atenção 23, 53, 60
Ativação emocional 1
Automonitoramento 1

B

Bilhetes na agenda 33

C

Cansaço/falta de paciência 35
Capacidade
  de abstração 66
  de decisão 2
  de escolha 2
  empática do grupo 65
Checagem 99
Choque das comparações 9, 32
Ciclo
  das decisões 83
  da tomada de decisão 10, 68, 99
  de estratégias 39
Competição 53
Comportamentos de longo versus
  curto prazo 27

Conscientização de parcerias entre
  familiares e participantes do
  grupo 32
Consequências em longo prazo x curto
  prazo 52
Controle
  dos comportamentos 39
  motor 60
Convívio social 18
Crianças 32
Criando histórias 10, 70
Criatividade 10, 70

D

Decidir por impulso 27
Decisão
  adequada 54
  automática 42
  simples 16
Desafio do mediador 76
Desvio dos assuntos alvos das sessões
  11
Dica para o mediador 11
Dificuldades
  de cada participante 17
  no processo de aprendizagem 24

E

Emoção 1, 18
Empatia pelo personagem apresentado
  83

Escala de Apoio 17, 93
Escala Likert de Apoio 17
Escolhas 18
Estimular a crítica 38
Estratégia 53, 60
  planejamento diante das situações 52
Estruturação das sessões 5
Estrutura do treino de tomada de
      decisões 5
Exemplos de respostas em situação de
      grupo 16
Exercícios de respiração 33
Expectativas do participante 75

F

Falhas na tomada de decisão 19
Finalização da atividade 23
Flexibilidade cognitiva 1
Função
  cognitiva 18
    essencial 2
  executiva 1
  fria 1, 18, 60
  quente 1, 18
Funcionamento do grupo 16

G

Goal Management Training 3, 20, 39
Grupos experimentais 25

H

Habilidades requeridas 9

I

Identificação das variáveis 9
Inibição de comportamentos 1
Iowa Gambling Task 3

J

Jogo
  da velha 55
  de damas 57

Pega Varetas 34, 36
  para treinar o cérebro 10, 52

L

Labirintos 60, 103
Lista de desejos 21

M

Marcadores somáticos 2
Memória 23
  operacional 2
Montando frases 9, 38
Motivar o grupo 20

N

Negativa do grupo 36
Nervosismo 65

O

Objetivo 7, 99
  dos jogos 55

P

Passos 99
Pensando na vida diária 10, 75
Pensômetro 34
  para familiares 97
  para participante do grupo 98
Planejamento 10, 60, 70
  de ações 1
  para as tarefas 83
Pressões ambientais 65
Princípio de progressão 16
Processos
  automáticos 39
  cognitivos 1
Prós e contras
  antes de agir 28
  da mudança 9
  das situações 50
  em conjunto 34
Psicoeducação 9

Q

Quebrando a cuca 10
Questionário pré e pós-treino
    cognitivo 93

R

Raciocínio 10
  de prós *versus* contras das situações
    75
  lógico 60
  verbal 1
Reabilitação com enfoque cognitivo 3
Recuperando a Atividade 25, 101
Reforçando conceitos com o mediador
  18
Repertório comportamental e social
  49
Resolução
  de problemas 1, 70
  do labirinto 62
Resolvendo
  as situações 65
  os labirintos 10
Resultado esperado 68

S

Sentimento de fracasso 22
Sequenciamento 1
Situações 56
  de ir ao *shopping* 41
  cotidianas para se planejar 10
  da vida diária 9, 89
  do cotidiano 75
  mais complexas 65

T

Tabela dos Pensamentos 100
Tarefa 33
Termômetro 26, 32, 38, 44, 65, 75, 83,
  89
Tomada de decisão 1, 15, 70
  de forma lúdica 52
  tipos 89
  treino 3
  visual 44
Transtornos psiquiátricos 3
Treinar a memória 53
Treino cognitivo 3

SLIDES

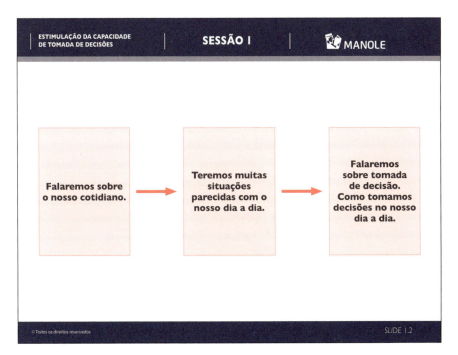

PARANDO E PENSANDO

Você está no seu primeiro dia de trabalho. De manhã, você fez amizade com uma pessoa, que lhe chamou para almoçar, mas agora você acabou de ser chamado por outra pessoa, o que fazer?

RAPPORT

Escala de Apoio

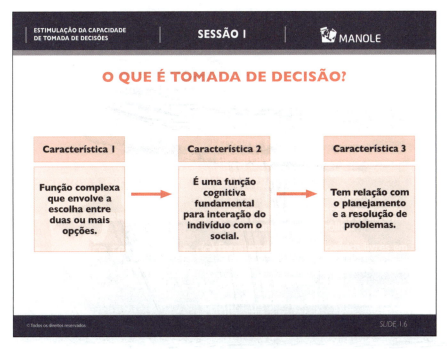

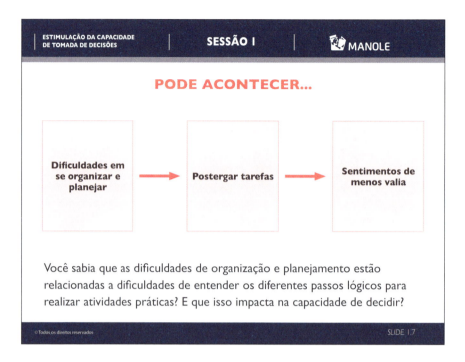

| ESTIMULAÇÃO DA CAPACIDADE DE TOMADA DE DECISÕES | SESSÃO I | MANOLE |

VOCÊ SE IDENTIFICA COM O QUE FOI DITO ATÉ AQUI?

SLIDE 1.9

| ESTIMULAÇÃO DA CAPACIDADE DE TOMADA DE DECISÕES | SESSÃO I | MANOLE |

QUESTIONAR É IMPORTANTE!

- Você gostaria de encarar as tarefas cotidianas de forma diferente?
- Outras pessoas comentam sobre a forma como você realiza suas atividades? Que adjetivos são usados? Onde você observa dificuldades?
- Agora que você conhece o que é tomada de decisão, você acha que tem dificuldade nessa área?

SLIDE 1.10

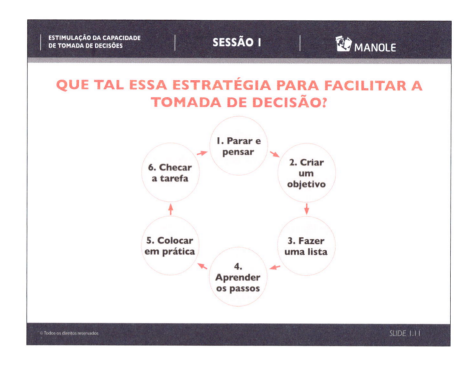

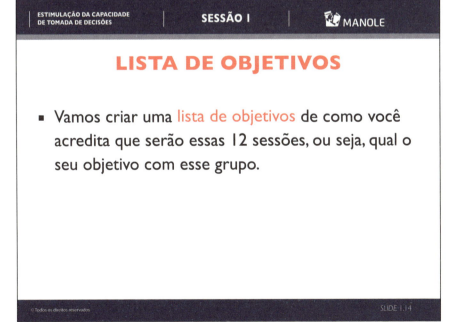

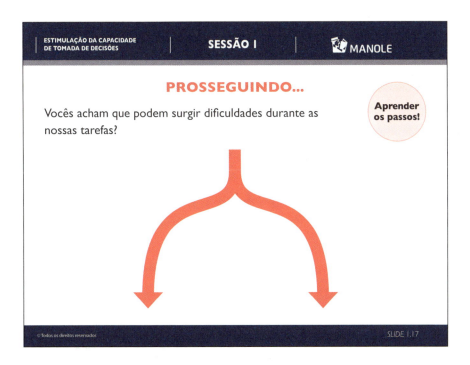

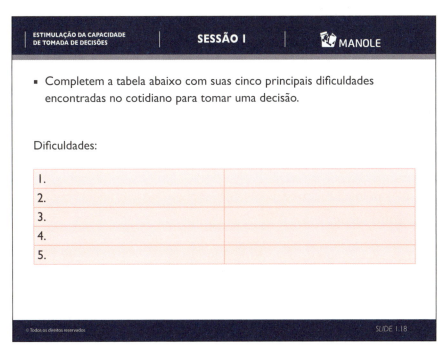

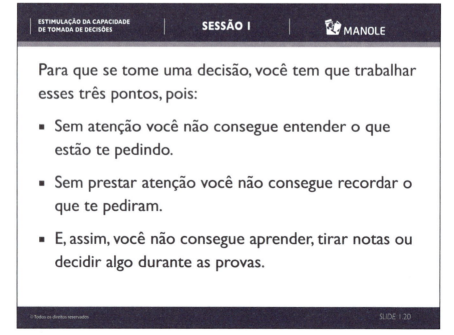

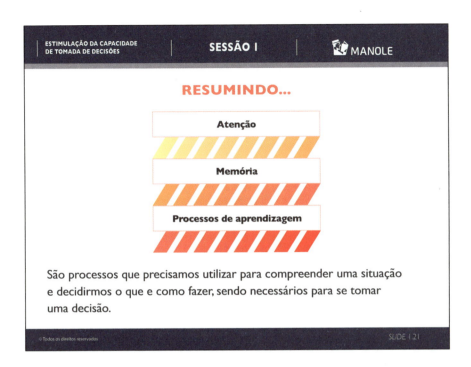

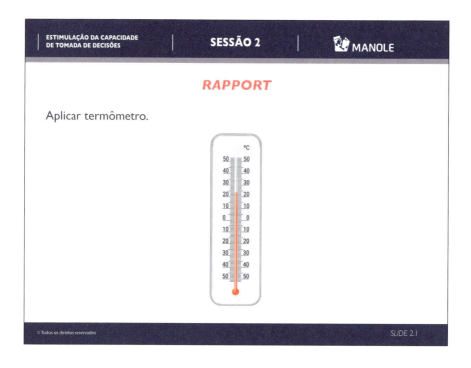

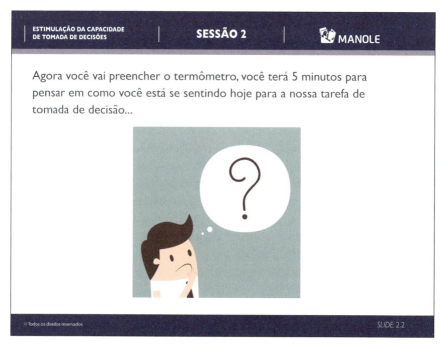

AQUECENDO!

- Ficar irritado e decidir por impulso, fazer o trabalho que te solicitaram de qualquer jeito. Isso dá certo ou errado?

QUEBRANDO A CUCA

- Isso dá certo a curto prazo?
- Isso dá certo a longo prazo?

| ESTIMULAÇÃO DA CAPACIDADE DE TOMADA DE DECISÕES | SESSÃO 2 | MANOLE |

A CURTO PRAZO...

- Momentaneamente resolve, pois a tarefa que lhe solicitaram estará feita e a pessoa que lhe pediu pensará que está tudo certo.

Pensando no trabalho...

- O que a sua chefe pediu estará feito, mas possivelmente sem qualidade ou precisão.

| ESTIMULAÇÃO DA CAPACIDADE DE TOMADA DE DECISÕES | SESSÃO 2 | MANOLE |

A LONGO PRAZO...

- Quando a pessoa for verificar o que lhe pediu, irá perceber que foi tudo feito de forma desesperada e sem pensar direito, neste caso você terá que refazer tudo de novo...

Pensando no trabalho...

- Você terá que refazer todo o trabalho e ainda corre o risco de sofrer punições maiores

VAMOS TRABALHAR

VOCÊ VAI PRECISAR DE:

- Lápis e caneta.
- Tabela dos Pensamentos (Anexo F).
- Recuperando a Atividade (Anexo G).
- Ciclo da Tomada de Decisão (Anexo E).

| ESTIMULAÇÃO DA CAPACIDADE DE TOMADA DE DECISÕES | SESSÃO 2 | MANOLE |

TRABALHANDO

Pensem e criem uma tabela para o registro de pensamentos sobre os prós e contras da decisão que você quer tomar.

SLIDE 2.9

| ESTIMULAÇÃO DA CAPACIDADE DE TOMADA DE DECISÕES | SESSÃO 2 | MANOLE |

PRATICANDO

João e Maria foram a uma loja de doces que estavam querendo ir faz tempo. A mãe de ambos deu R$ 30,00 para cada um. No caminho, João e Maria passaram por uma loja de brinquedo e viram o brinquedo que queriam pelo valor que eles tinham. João deu a ideia de mentir para a sua mãe e comprar o brinquedo. Ajude-os a decidir o que fazer.

SLIDE 2.10

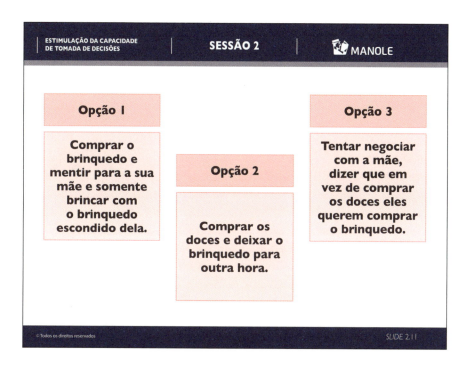

Como colocamos essa breve situação e suas opções na nossa tabela? Vamos tentar juntos?

134 ESTIMULAÇÃO DA CAPACIDADE DE TOMADA DE DECISÕES

ESTIMULAÇÃO DA CAPACIDADE DE TOMADA DE DECISÕES | **SESSÃO 2** | MANOLE

EXEMPLO DA FOLHA

Situação a ser discutida:		
	Prós	**Contras**
Escolhas a curto prazo	João e Maria terão o brinquedo que tanto querem	Terão que mentir assim que chegar em casa e conviver com a mentira e as possíveis consequências
Sentimentos envolvidos	Felicidade, ansiedade	Tristeza, culpa, medo
Escolhas a longo prazo	João e Maria terão o brinquedo que tanto querem	A mãe deles pode descobrir e os dois ficarem sem o brinquedo e ainda ficar de castigo
Sentimentos envolvidos	Ansiedade, felicidade	Culpa, tristeza, medo, susto

© Todos os direitos reservados — SLIDE 2.13

ESTIMULAÇÃO DA CAPACIDADE DE TOMADA DE DECISÕES | **SESSÃO 2** | MANOLE

EXEMPLO DA FOLHA

Situação a ser discutida:		
	Prós	**Contras**
Escolhas a curto prazo		
Sentimentos envolvidos		
Escolhas a longo prazo		
Sentimentos envolvidos		

© Todos os direitos reservados — SLIDE 2.14

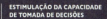

IMPRESSÕES E INDAGAÇÕES

Como que foi fazer essa atividade?

O que você sentiu?

IMPRESSÕES E INDAGAÇÕES...

- Agora que você sabe pensar sobre os prós e contras, é mais fácil tomar a decisão?

- Dica: sempre que tiverem em dúvida do que escolher, façam isso.

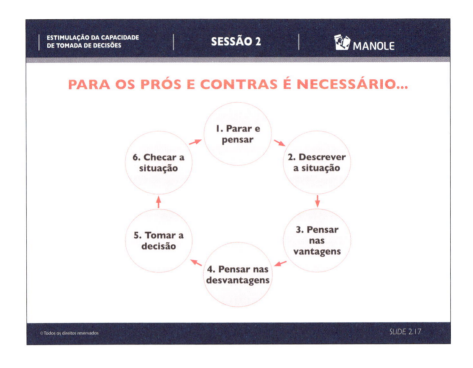

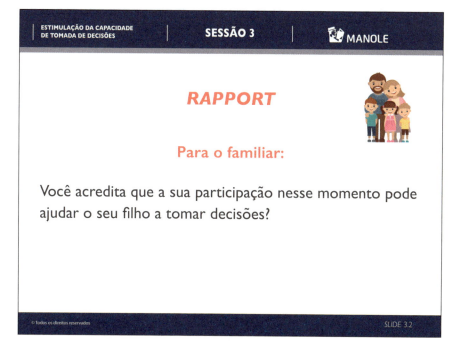

Para o familiar:

Você acredita que a sua participação nesse momento pode ajudar o seu filho a tomar decisões?

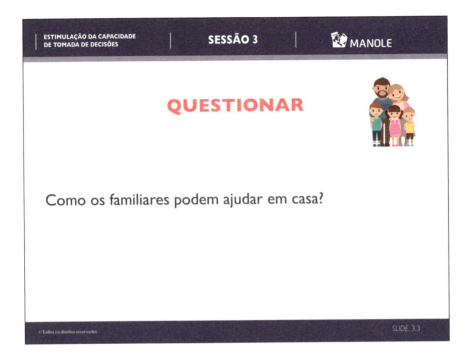

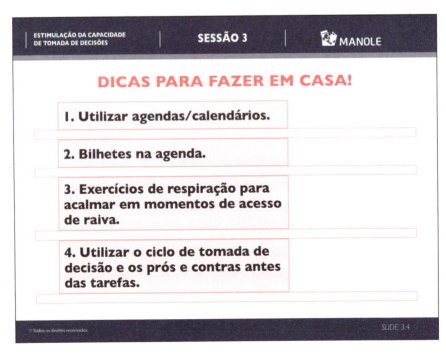

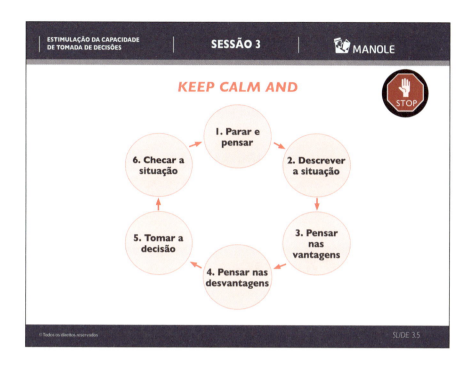

VOCÊ VAI PRECISAR DE:

- Lápis ou caneta.
- Prós e contras em conjunto.
- Jogo Pega Varetas.
- Recuperando a Atividade (Anexo G).
- Pensômetro.
- Ciclo da Tomada de Decisão (Anexo E).

PARANDO E PENSANDO

Agora cada um irá responder ao seu pensômetro; você terá cerca de 10 minutos...

ESTIMULAÇÃO DA CAPACIDADE DE TOMADA DE DECISÕES | SESSÃO 3 | MANOLE

COMENTAR É NECESSÁRIO

Como foi responder essas perguntas?

Foi fácil ou difícil?

Você percebe nas perguntas algo que se assemelha à sua vida?

SLIDE 3.9

ESTIMULAÇÃO DA CAPACIDADE DE TOMADA DE DECISÕES | SESSÃO 3 | MANOLE

TRABALHANDO

- Vamos fazer em conjunto uma tomada de decisão que beneficie tanto as crianças/adolescentes quanto os familiares.
    - Sugestão de temas:
        - Aonde ir no final de semana?
        - Que horas fazer a lição de casa?
        - Qual será a comida que irão pedir no restaurante?

SLIDE 3.10

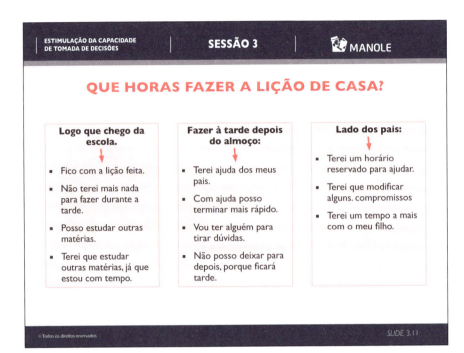

SESSÃO 3

ESTIMULAÇÃO DA CAPACIDADE
DE TOMADA DE DECISÕES

MANOLE

EXEMPLO DA FOLHA

Situação a ser discutida:			
Prós Filho(a)	Contras Filho(a)	Prós Familiar	Contras Familiar

SLIDE 3.13

SESSÃO 3

ESTIMULAÇÃO DA CAPACIDADE
DE TOMADA DE DECISÕES

MANOLE

COMENTAR É NECESSÁRIO

- Você utilizou algum argumento para se decidir em conjunto?

- Quais argumentos você usou?

- O argumento foi para beneficiar somente uma pessoa?

- É fácil se colocar no lugar do outro para achar uma solução favorável aos dois?

SLIDE 3.14

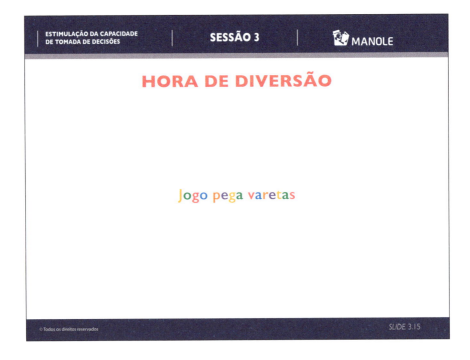

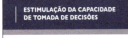

 REGRAS

Conforme começar o jogo, todas as varetas são jogado ao acaso na mesa, para que os jogadores tentem pegar as varetas de sua respectiva cor. Cada jogador deve, na sua vez, tentar retirar quantas varetas puder sem que nenhuma se mova. Quando essa tentativa for frustrada, passa a ser a vez do próximo jogador.

QUESTIONAR É IMPORTANTE

- Como foi o jogo?
- Um precisou da ajuda do outro na hora de fazer as jogadas?
- Com as dicas da outra pessoa, ficou mais fácil mexer os palitos?
- Você conseguiria se não tivesse ajuda?

ENCERRANDO

Recuperando a Atividade.

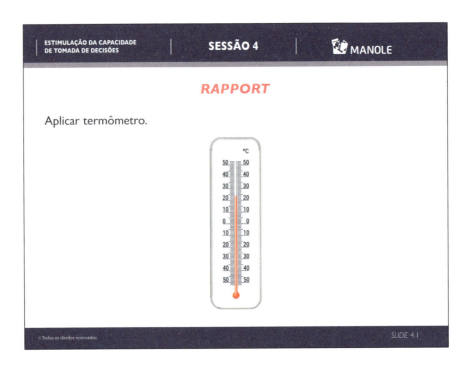

| ESTIMULAÇÃO DA CAPACIDADE DE TOMADA DE DECISÕES | SESSÃO 4 | MANOLE |

ESQUENTANDO

Contem uma situação do cotidiano que você teve que tomar uma decisão.

- Qual sentimento você sentiu ao tomar essa decisão?
- Foi algo difícil de decidir?
- Como você fez para tomar essa decisão? De forma mais automática ou impulsiva?

SLIDE 4.3

| ESTIMULAÇÃO DA CAPACIDADE DE TOMADA DE DECISÕES | SESSÃO 4 | MANOLE |

Será que essa tomada de decisão ficaria mais fácil com esses passos aqui?

SLIDE 4.4

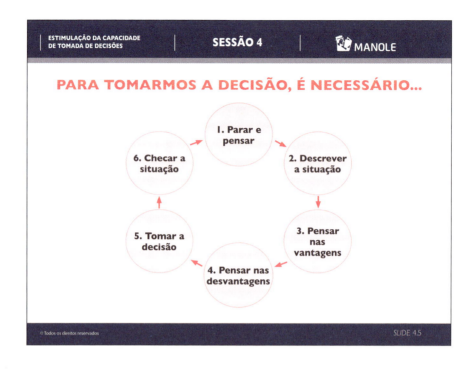

| ESTIMULAÇÃO DA CAPACIDADE DE TOMADA DE DECISÕES | SESSÃO 4 | MANOLE |

VOCÊ VAI PRECISAR DE:

- Lápis e caneta.
- Recuperando a Atividade (Anexo G).
- Ciclo da Tomada de Decisão (Anexo E).

SLIDE 4.7

| ESTIMULAÇÃO DA CAPACIDADE DE TOMADA DE DECISÕES | SESSÃO 4 | MANOLE |

- O objetivo dessa atividade é saber argumentar mediante várias opções de escolhas, já que em diversos momentos de nossas vidas temos várias opções disponíveis que fazem sentido, mas não sabemos o que fazer diante disso e nem colocar os prós e contras dessas situações parecidas.

Nessa atividade, todas as alternativas fazem sentido, entretanto, você terá que se contentar com somente uma resposta.

Vocês terão que argumentar as escolhas.

Vamos ao desafio!

SLIDE 4.8

150 ESTIMULAÇÃO DA CAPACIDADE DE TOMADA DE DECISÕES

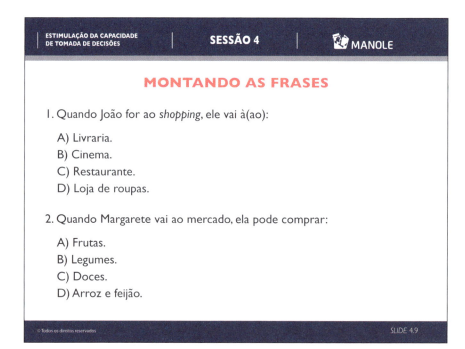

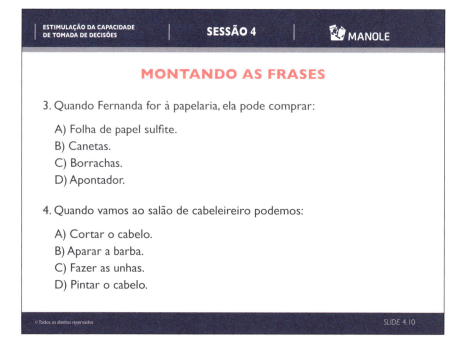

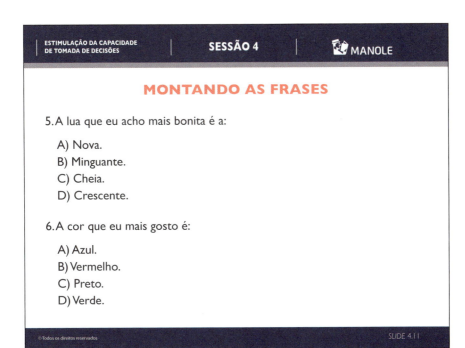

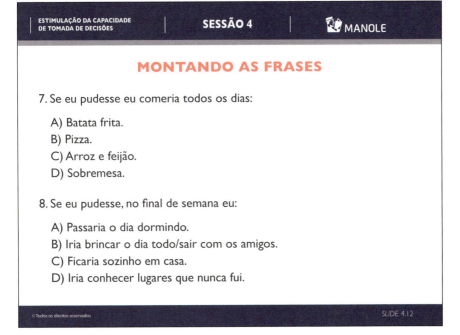

MONTANDO AS FRASES

9. Guilherme vai a uma festa de aniversário e ele pode comer:

   A) Doces.
   B) Batata frita.
   C) Hot dog.
   D) Só o bolo.

10. Vera é diabética, mas se ela pudesse comer à vontade, ela comeria...

    A) Doces.
    B) Frutas e legumes.
    C) Somente arroz.
    D) Somente carnes.

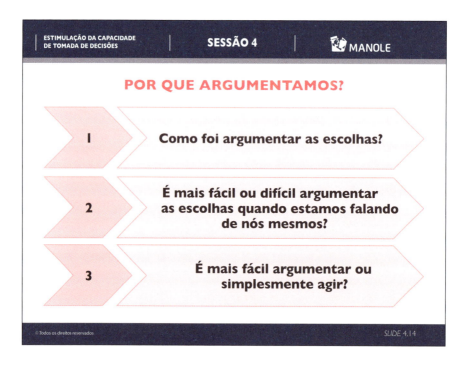

POR QUE ARGUMENTAMOS?

1. Como foi argumentar as escolhas?

2. É mais fácil ou difícil argumentar as escolhas quando estamos falando de nós mesmos?

3. É mais fácil argumentar ou simplesmente agir?

COMENTAR É NECESSÁRIO

- Você se sente pronto para escolher entre duas opções?
- E para justificar a sua escolha?

PARANDO E PENSANDO

- Antes de começarmos a pensar na tomada de decisão, como que você a realizava? De forma mecânica ou impulsiva?
- Você analisava as consequências antes de tomar uma decisão?
- Você listava as desvantagens e vantagens?

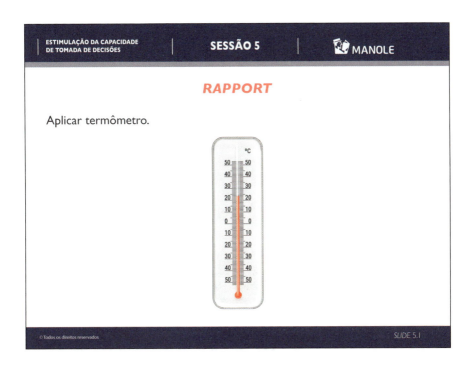

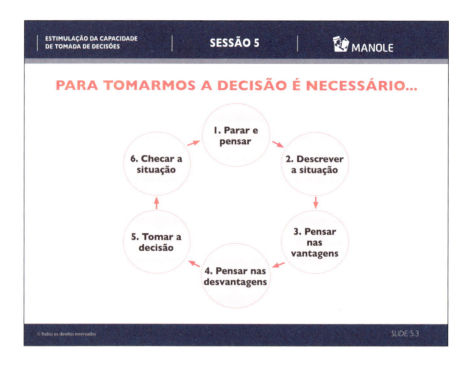

| ESTIMULAÇÃO DA CAPACIDADE DE TOMADA DE DECISÕES | SESSÃO 5 | MANOLE |

ANALISANDO AS SITUAÇÕES

Será apresentada uma situação em que você precisará fazer uma escolha

- Como escolherá?
- Lembre-se de argumentar.

SLIDE 5.7

| ESTIMULAÇÃO DA CAPACIDADE DE TOMADA DE DECISÕES | SESSÃO 5 | MANOLE |

SITUAÇÃO 1

Cláudio, um rapaz de 18 anos, foi ao shopping para se distrair um pouco antes de outro compromisso, só que há um porém, ele tem exatamente 2 horas e 20 minutos para fazer isso e não chegar atrasado.

Ele precisa considerar que o dinheiro que ele tem (R$ 60,00) é a quantia que deverá ser usada até o retorno a sua casa.

Cláudio gostaria de não gastar muito e chegar no horário do compromisso, mas está na dúvida diante das duas opções a seguir. Vamos ajudá-lo?

SLIDE 5.8

ESTIMULAÇÃO DA CAPACIDADE DE TOMADA DE DECISÕES | SESSÃO 5 | MANOLE

OPÇÕES DISPONÍVEIS

Opção 1	Opção 2
- Ir a uma livraria do shopping e ler um livro de 39 folhas que irá levar 1 hora e 30 minutos. Depois comer no seu restaurante preferido, onde irá gastar R$59,90 e ainda chegará no compromisso no horário.	- Ir ao cinema com o ingresso que ele ganhou para assistir a um filme que ele estava na expectativa de assistir, mas tem 2 horas e 30 minutos. Porém, assim, irá atrasar 15 minutos para o seu próximo compromisso.

SLIDE 5.9

ESTIMULAÇÃO DA CAPACIDADE DE TOMADA DE DECISÕES | SESSÃO 5 | MANOLE

EXEMPLO DA FOLHA

Situação Cláudio			
Prós Opção 1	Contras Opção 1	Prós Opção 2	Contras Opção 2
Escolhas a curto prazo			
Sentimentos envolvidos			
Escolhas a longo prazo			
Sentimentos envolvidos			

SLIDE 5.10

| ESTIMULAÇÃO DA CAPACIDADE DE TOMADA DE DECISÕES | SESSÃO 5 | MANOLE |

SITUAÇÃO 2

Luana, 15 anos, foi convidada pela sua melhor amiga para ir a um churrasco em sua casa, no sábado dia 8 de agosto às 14 horas.

Entretanto, um dia antes do churrasco, a prima de Luana que também sempre está com ela a chamou para irem a uma sorveteria no mesmo dia e horário do compromisso com a melhor amiga.

Luana está muito confusa, depois de muito pensar, chegou a duas opções:

| ESTIMULAÇÃO DA CAPACIDADE DE TOMADA DE DECISÕES | SESSÃO 5 | MANOLE |

OPÇÕES DISPONÍVEIS

Opção 1

- Ir aos dois compromissos sem falar nada para nenhuma das duas por receio de ofendê-las. Para isso, teria que fingir passar mal no churrasco e depois fingir que pegou trânsito para chegar na sorveteria.

Opção 2

- Falar para a sua prima que não poderá ir à sorveteria com ela porque já tinha outro compromisso agendado para o mesmo dia. Em seguida, oferecer outro dia para saírem juntas porque também gostaria de passar um tempo juntas.

| ESTIMULAÇÃO DA CAPACIDADE DE TOMADA DE DECISÕES | SESSÃO 5 | MANOLE |

EXEMPLO DA FOLHA

Situação Luana				
	Prós Opção 1	Contras Opção 1	Prós Opção 2	Contras Opção 2
Escolhas a curto prazo				
Sentimentos envolvidos				
Escolhas a longo prazo				
Sentimentos envolvidos				

SLIDE 5.13

| ESTIMULAÇÃO DA CAPACIDADE DE TOMADA DE DECISÕES | SESSÃO 5 | MANOLE |

- Com você já aconteceu algo parecido?
- Descreva uma situação que está na dúvida de qual caminho prosseguir.

SLIDE 5.14

COMENTAR É NECESSÁRIO!

- A lista de prós e contras ajudou na escolha das opções?
- Houve diferença entre fazer escolhas para uma pessoa fictícia e para você?
- Conseguiu tomar uma decisão?
- Como você se sentiu?

ENCERRANDO

Recuperando a Atividade.

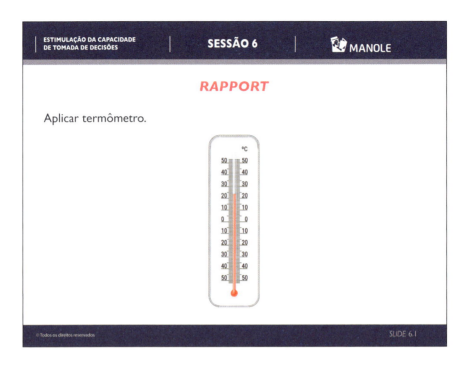

RAPPORT

Aplicar termômetro.

SERÁ QUE COMBINAM?

Jogos *versus* tomada de decisão

VAMOS TRABALHAR

VOCÊ VAI PRECISAR DE:

- Folha de papel sulfite.
- Dois lápis de cores diferentes.
- Jogo de damas.
- Recuperando a Atividade (Anexo G).
- Ciclo da Tomada de Decisão (Anexo E).

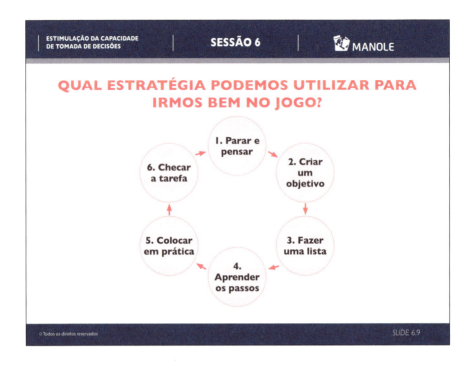

REGRAS DO JOGO

Objetivo: ser o primeiro a fazer uma sequência de três símbolos iguais, seja em uma linha, coluna ou na diagonal.

- Um jogador joga com o círculo (O) e outro com o xis (X).
- Cada jogador, na sua vez, desenha (ou coloca a peça) em uma lacuna que esteja vazia.
- Quando um jogador conquista o objetivo, costuma-se riscar os três símbolos.

ESTRATÉGIAS

- Podemos começar pelo centro do tabuleiro.
- Pode-se iniciar pela lateral do tabuleiro.
- Nunca deixe seu adversário sair na frente com dois símbolos.
- Às vezes, podemos causar a "velha" (ninguém ganha).

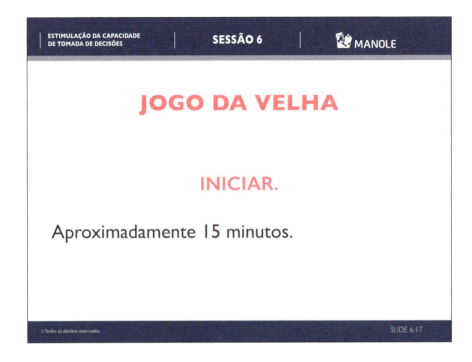
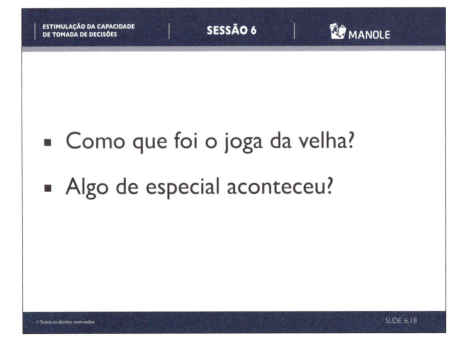

TREINANDO O CÉREBRO

Jogo de damas

REGRAS DO JOGO

- **O lance inicial** cabe sempre a quem estiver com as peças brancas.
- A pedra anda **para a frente**, uma casa de cada vez, mas também pode andar na **horizontal** (lado) e na **diagonal**. Quando a pedra atinge a oitava linha do tabuleiro, ela é promovida à **dama**.
- Dama é uma peça de movimentos mais amplos. Ela anda **para a frente e para trás,** quantas casas quiser. A dama não pode saltar uma peça da mesma cor.

| ESTIMULAÇÃO DA CAPACIDADE DE TOMADA DE DECISÕES | SESSÃO 6 | MANOLE |

ESTRATÉGIAS

- Mantenha a última fileira (de trás) sem mexer.
- Sempre jogue suas peças nas casas do centro do tabuleiro, lembrando que ficar nervoso pode fazer você perder a concentração.
- A sua saída tem que ter lógica.
- Pensar sempre em três jogadas adiante.
- Evite colocar peças nas laterais do tabuleiro.

| ESTIMULAÇÃO DA CAPACIDADE DE TOMADA DE DECISÕES | SESSÃO 6 | MANOLE |

MOSTRANDO NA PRÁTICA

Início de jogo

Exemplo de jogada

MOSTRANDO NA PRÁTICA

Virando damas

Motivo para não tirar peças de trás

DICA EXTRA

Pode-se pegar mais de uma peça

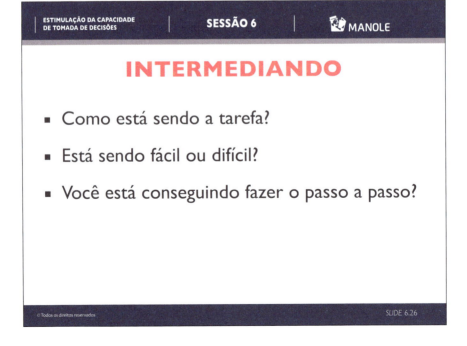

COMENTAR É NECESSÁRIO!

- Como foi jogar estes jogos?
- Ficou mais fácil com o nosso passo a passo?
- Ficou mais fácil com as dicas de estratégias?
- Você mudaria alguma coisa no jeito de jogar?

ENCERRANDO

Recuperando a Atividade.

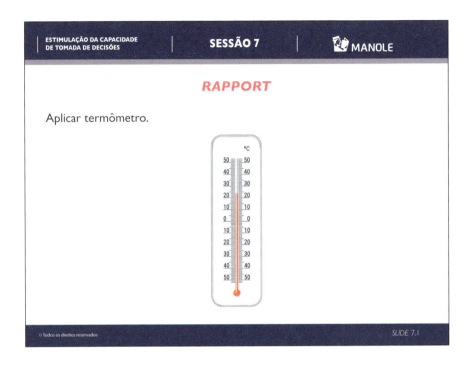

VOCÊ VAI PRECISAR DE:

- Lápis ou caneta.
- Labirintos (Anexos H).
- Recuperando a Atividade (Anexo G).
- Ciclo da Tomada de Decisão (Anexo E).

COMO FAZER

Agora temos os labirintos. Fiquem atentos! Alguns têm duas formas de completar a missão, uma que é mais rápida e fácil e outra forma mais demorada e mais difícil. Teremos sempre que pensar o que compensa mais.

| ESTIMULAÇÃO DA CAPACIDADE DE TOMADA DE DECISÕES | SESSÃO 7 | MANOLE |

LEMBRANDO QUE:

Nunca iniciar de trás para frente e sim onde está marcado o início do labirinto.

Tente ser preciso e objetivo; às vezes menos rodeios é melhor.

Simule antes de traçar o verdadeiro caminho.

SLIDE 7.7

| ESTIMULAÇÃO DA CAPACIDADE DE TOMADA DE DECISÕES | SESSÃO 7 | MANOLE |

ESTRATÉGIAS

- Siga uma parede.
- Encontre o ponto de viragem, ou seja, quando ele muda a direção que foi projetado.
- Use a memória para mapear as áreas já rastreadas.
- Procure ter calma e controle da ansiedade.

SLIDE 7.8

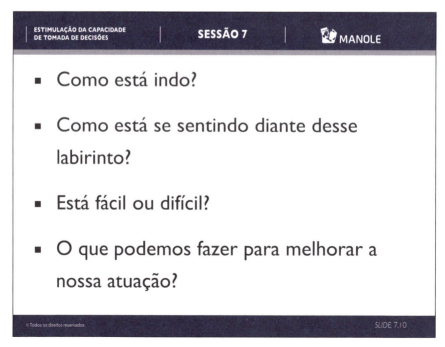

- Como está indo?
- Como está se sentindo diante desse labirinto?
- Está fácil ou difícil?
- O que podemos fazer para melhorar a nossa atuação?

SESSÃO 7

- Como está indo?
- Como está se sentindo diante desse labirinto?
- Está fácil ou difícil?
- O que podemos fazer para melhorar a nossa atuação?

SLIDE 7.13

SLIDE 7.14

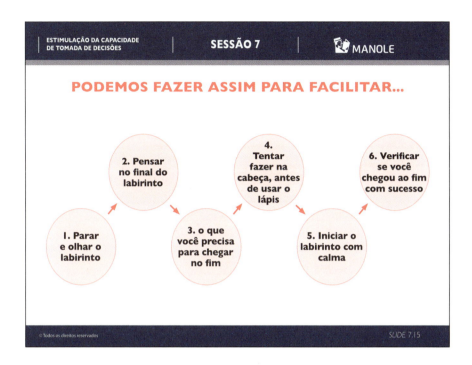

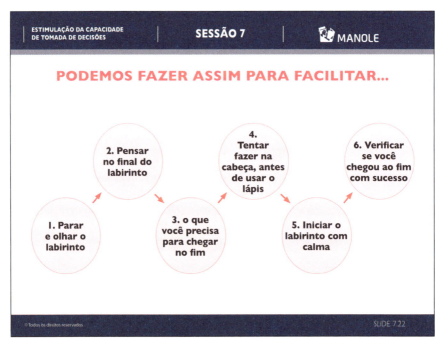

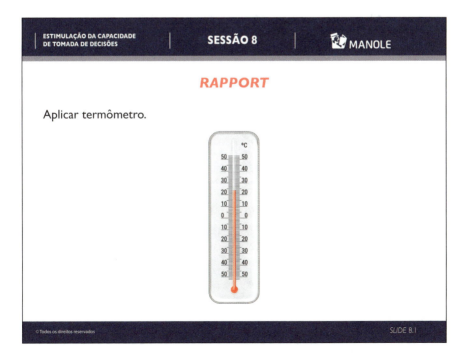

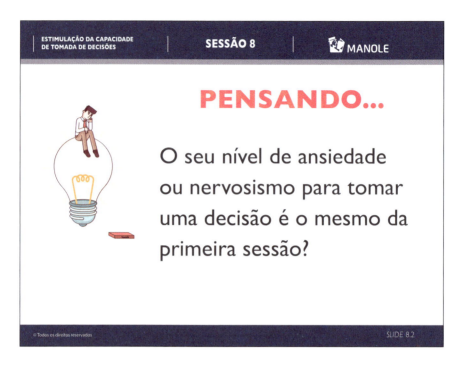

VOCÊ VAI PRECISAR DE:

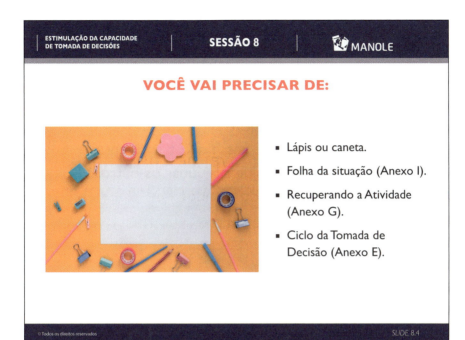

- Lápis ou caneta.
- Folha da situação (Anexo I).
- Recuperando a Atividade (Anexo G).
- Ciclo da Tomada de Decisão (Anexo E).

SITUAÇÃO 1: ENTRE DÚVIDAS E INCERTEZAS

Você está em um prédio e ele começa a pegar fogo, mas você não consegue sair. Na tentativa de sair do prédio, você encontra um gênio atrás de uma porta, que lhe concede apenas UM pedido para conseguir salvar a sua vida e de seus amigos que estão lá também.

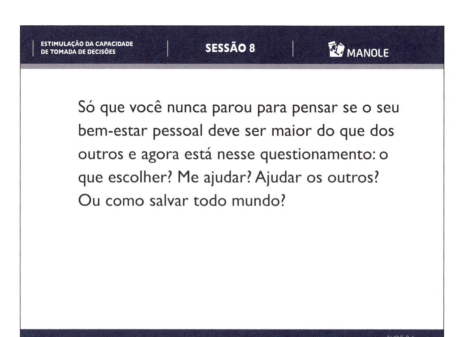

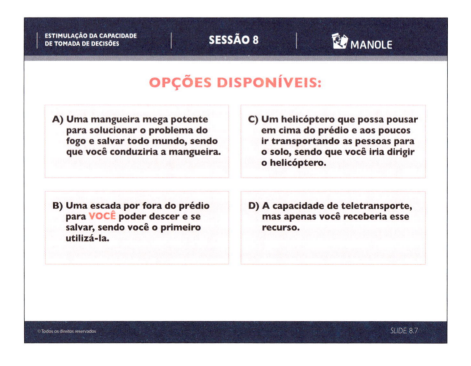

PENSANDO NOS PRÓS E CONTRAS DA SITUAÇÃO

Opção 1	Opção 2	Opção 3
Nas opções A e C, a vantagem é poder salvar o máximo de pessoas possível, mas a desvantagem é que toda a situação envolve riscos e você teria que participar dela por mais tempo, pensando nos outros.	Na B, a vantagem é você se salvar primeiro e se afastar de qualquer outro risco, a desvantagem é que as pessoas que não conseguirem usar a escada sozinho ficarão em perigo.	Na D, a vantagem é que você resolve o seu problema imediatamente, a desvantagem é que fica para o grupo que não terá qualquer possibilidade de se salvar com a ajuda do gênio.

PARANDO E PENSANDO

- Nas opções B e D, como você se sentiria após ter conseguido resolver o problema?

- Nas opções A e C, como você se sentiria com a responsabilidade de guiar o grupo?

QUESTIONAR É IMPORTANTE

- O que você faria?
- Pediria para ajudar você ou as pessoas?
- Explique sua decisão.

| ESTIMULAÇÃO DA CAPACIDADE DE TOMADA DE DECISÕES | SESSÃO 8 | MANOLE |

TROCANDO DE LUGAR E TREINANDO A EMPATIA

Você já tentou se colocar no lugar de outra pessoa diante de uma tomada de decisão?

| ESTIMULAÇÃO DA CAPACIDADE DE TOMADA DE DECISÕES | SESSÃO 8 | MANOLE |

ENCERRANDO

Recuperando a Atividade.

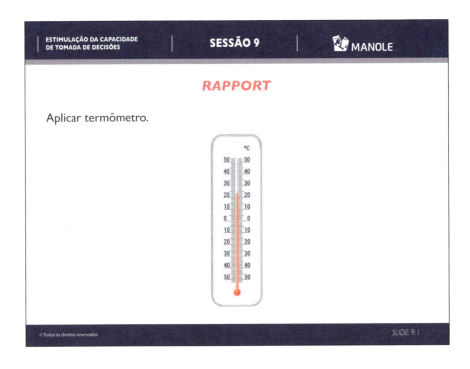

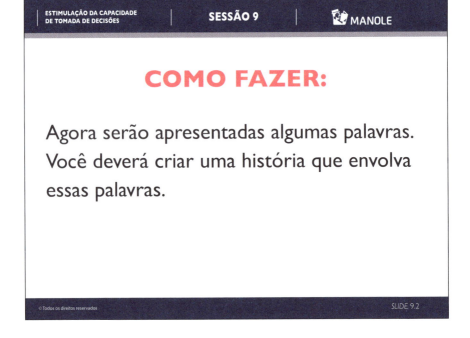

REGRAS

- Uma situação em que os personagens entrem em uma situação de risco.
- A resolução dessa situação de risco.
- Como eles se sentiram nessa situação.
- Terminando a sua história, conte para o grupo e observe as opiniões e diferentes resoluções.

PARA RESOLVER, É PRECISO...

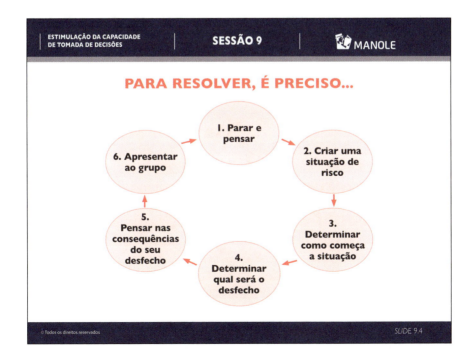

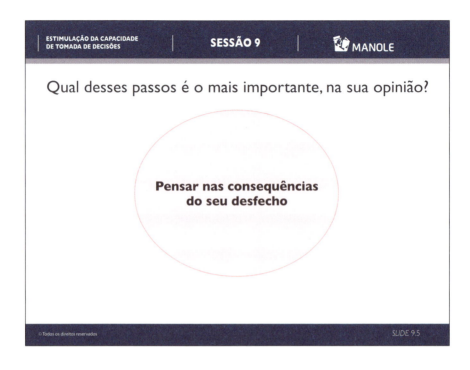

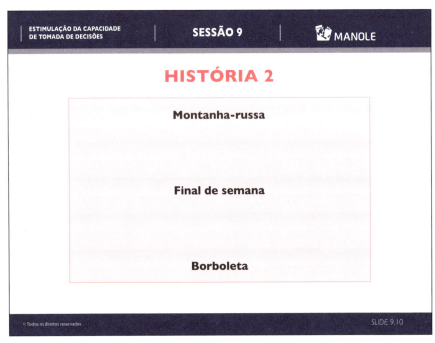

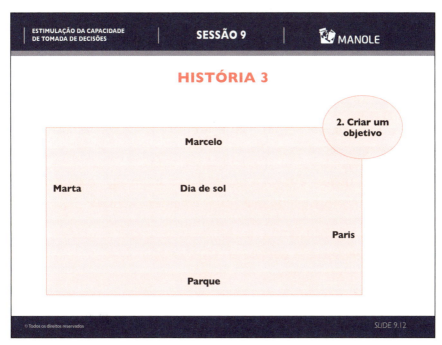

HORA DO DESAFIO

Conte a sua história para todos.

PARANDO E PENSANDO...

- Como você se sentiu com a interferência das pessoas sobre a sua narrativa?
- Já aconteceu com você de estar contando algo e alguém te interromper, modificar ou fazer interferências?
- Como você se sentiu na realização dessa tarefa? E na situação narrada por você?

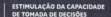 | **SESSÃO 9** |

QUESTIONAR É IMPORTANTE

- Qual foi o sentimento que predominou quando você teve que ouvir a interferência dos seus colegas sobre o que você estava contando?

| **SESSÃO 9** |

Você já se sentiu em perigo por alguma decisão que você tomou? Discuta com os demais do grupo.

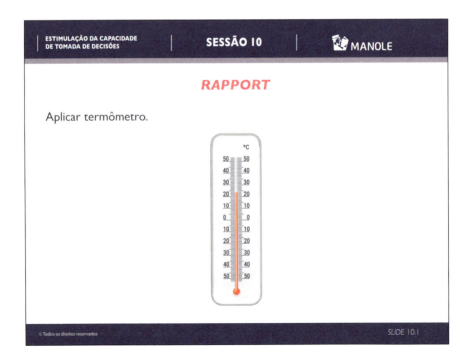

AQUECIMENTO

O que você faria se visse uma pessoa arrancando uma árvore no parque perto da sua casa enquanto você conversa com o seu amigo?

RESOLVENDO!

Prós da situação	Contras da decisão
1-	1-
2-	2-
3-	3-

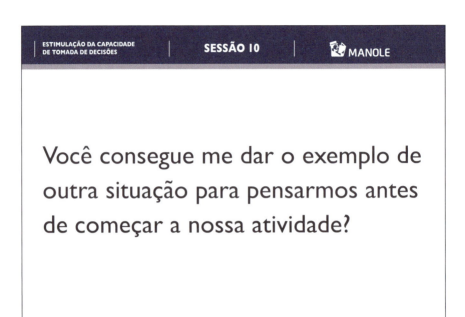

| ESTIMULAÇÃO DA CAPACIDADE DE TOMADA DE DECISÕES | SESSÃO 10 | MANOLE |

VOCÊ VAI PRECISAR DE:

- Tabela dos Pensamentos (Anexo F).
- Resolução do problema.
- Lápis ou caneta.
- Folhas de papel sulfite.
- Recuperando a Atividade (Anexo G).
- Ciclo da Tomada de Decisão (Anexo E).

SLIDE 10.6

| ESTIMULAÇÃO DA CAPACIDADE DE TOMADA DE DECISÕES | SESSÃO 10 | MANOLE |

SITUAÇÃO 1

Pedro estava no 7º ano e estava indo mal na escola, as suas notas estavam deixando seus pais e ele muito desanimados e preocupados. O pai propôs um jantar para conversar e verificar algumas possibilidades que foram discutidas.

Quando a conversa começou, Pedro se mostrou impaciente e desconte. O pai então ofereceu inicialmente duas opções.

A proposta é que você responda, colocando-se no lugar de Pedro.

SLIDE 10.7

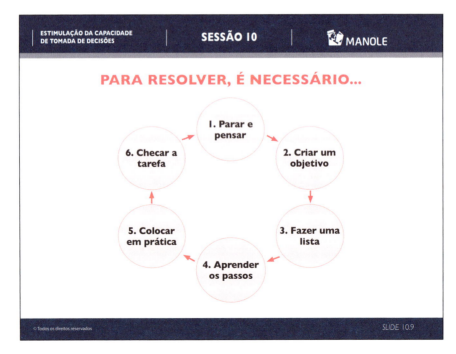

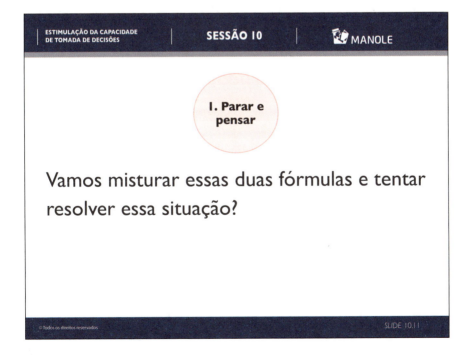

NÃO DEVEMOS ESQUECER

(Prós x contras → Situação vivida → Consequências a curto prazo / Consequências a longo prazo)

1. Parar e pensar

Vamos misturar essas duas fórmulas e tentar resolver essa situação?

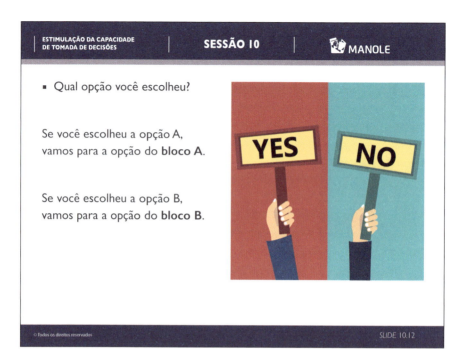

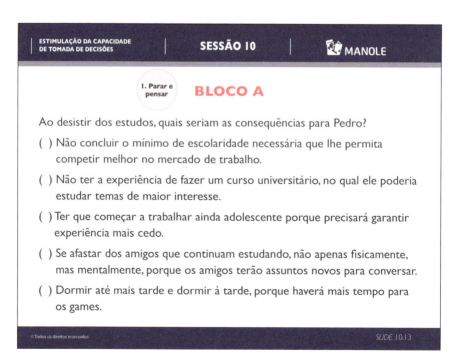

SLIDES 213

Prós	Contras

SLIDE 10.14

BLOCO B

Ao decidir por procurar ajuda, os meios cabíveis seriam:

( ) Procurar por profissionais em psicopedagogia, perto da onde mora e fazer uma pesquisa de valores.

( ) Procurar por psicopedagogos que atendam em clínicas escola, sem custo ou com um valor simbólico.

( ) Fazer uma tabela de horários livres em casa, para organizar uma hora e meia de estudo diariamente.

( ) Estudar todos os dias de madrugada.

SLIDE 10.15

ESTIMULAÇÃO DA CAPACIDADE DE TOMADA DE DECISÕES | **SESSÃO 10** | MANOLE

Prós	Contras

© Todos os direitos reservados — SLIDE 10.16

ESTIMULAÇÃO DA CAPACIDADE DE TOMADA DE DECISÕES | **SESSÃO 10** | MANOLE

RELEMBRANDO...

Situação a ser discutida:		
	Prós	Contras
Escolhas a curto prazo		
Sentimentos envolvidos		
Escolhas a longo prazo		
Sentimentos envolvidos		

© Todos os direitos reservados — SLIDE 10.17

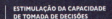

PARANDO E PENSANDO...

- Como você resolveu este problema?
- Foi fácil ou difícil?
- Conforme você leu o problema, você já sabia o que fazer?

 SITUAÇÃO 2

- Alex é um garoto como a maioria dos da sua idade. Ele tem 12 anos, gosta muito de doces, frituras e carboidratos. No entanto, ele ganhou muito peso nos últimos três meses e tem sentido as consequências, ou seja, alterações durante o treino de futebol como cansaço e falta de ar durante os treinos.

- Os pais, preocupados com ele, marcaram consulta no médico e em uma nutricionista. Como era esperado, a nutricionista teve que fazer algumas alterações na dieta de Alex. Alex, embora saiba da necessidade, ficou irritado, pois verduras e legumes não faziam parte de suas refeições. Neste cenário, Alex tem algumas opções:

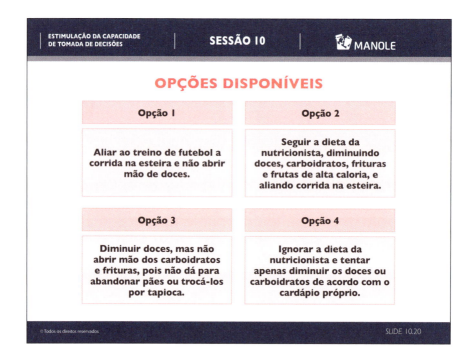

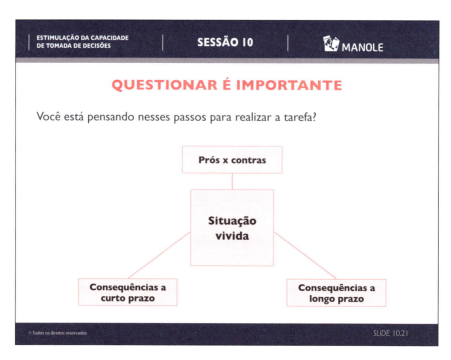

| ESTIMULAÇÃO DA CAPACIDADE DE TOMADA DE DECISÕES | SESSÃO 10 | MANOLE |

PARANDO E PENSANDO...

- Quais consequências de curto e longo prazo você encontrou?
- Quais são positivas e quais são negativas?
- Qual opção você escolheu?
- Você teve dúvidas de como faria a atividade?

| ESTIMULAÇÃO DA CAPACIDADE DE TOMADA DE DECISÕES | SESSÃO 10 | MANOLE |

SITUAÇÃO 3

- João é um garoto educado, inteligente e muito gentil com seus amigos, familiares, principalmente com animais em geral. Tem dois cachorros que dormem com ele.
- Seus pais começaram a perceber que seu quarto além de muito desorganizado, estava muito sujo. Ele começou a perder muitas coisas e, além disso, seu cheiro começou a ficar marcante, espantando as pessoas, que não tinham coragem de comentar.
- Passando um tempo, João apresentou uma coceira constante. Seus pais o levaram ao médico que aconselhou o uso de produtos específicos para higiene diária.

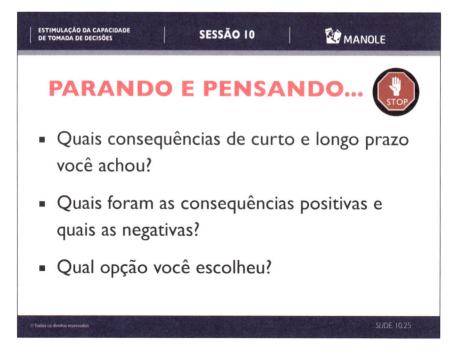

| ESTIMULAÇÃO DA CAPACIDADE DE TOMADA DE DECISÕES | SESSÃO 10 | MANOLE |

QUESTIONAR É IMPORTANTE!

- Como foi realizar a tarefa do dia?
- Você mudaria algum comportamento que teve durante a tarefa? Qual?
- Qual sentimento você sentiu mais ao longo da tarefa?
- Você já viveu algo parecido? Como foi?

| ESTIMULAÇÃO DA CAPACIDADE DE TOMADA DE DECISÕES | SESSÃO 10 | MANOLE |

ENCERRANDO

Recuperando a Atividade.

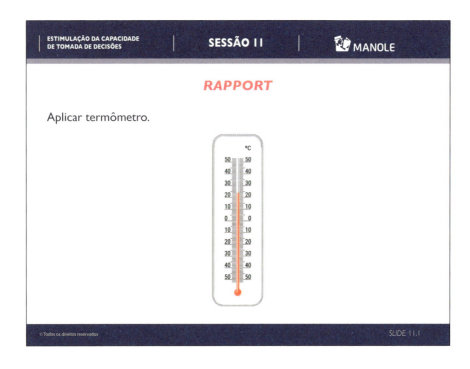

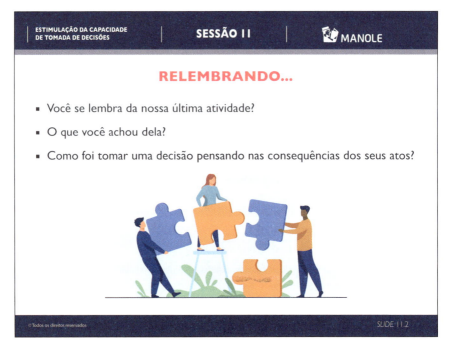

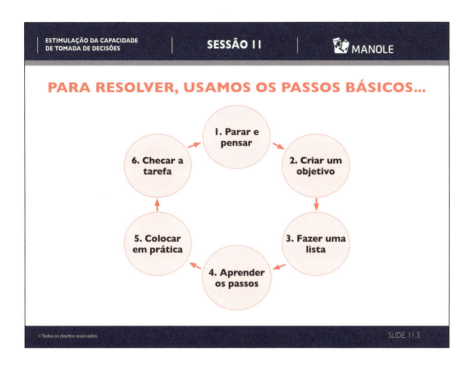

UTILIZAMOS TAMBÉM...

Situação a ser discutida:		
	Prós	Contras
Escolhas a curto prazo		
Sentimentos envolvidos		
Escolhas a longo prazo		
Sentimentos envolvidos		

SLIDE 11.5

VAMOS TRABALHAR

SLIDE 11.6

ESTIMULAÇÃO DA CAPACIDADE DE TOMADA DE DECISÕES | SESSÃO 11 | MANOLE

VOCÊ VAI PRECISAR DE:

- Ciclo da Tomada de Decisão (Anexo E).
- Tabela dos Pensamentos (Anexo F).
- Lápis e caneta.
- Recuperando a Atividade (Anexo G).

ESTIMULAÇÃO DA CAPACIDADE DE TOMADA DE DECISÕES | SESSÃO 11 | MANOLE

SITUAÇÃO 1

Ricardo tem 17 anos e o seu aniversário é no sábado dia 11 de novembro. Ele decidiu fazer uma festa para os seus amigos da escola e da rua de sua casa. Ricardo também resolveu colocar um tema na festa para ficar mais divertido: "a noite da pizza". Só que ele só conseguiu pensar no objetivo que é fazer a noite da pizza no sábado dia do seu aniversário, mas ele ficou muito ansioso com a festa e não consegue mais pensar. Qual é o próximo passo?

Você poderá ajudá-lo de dois modos:

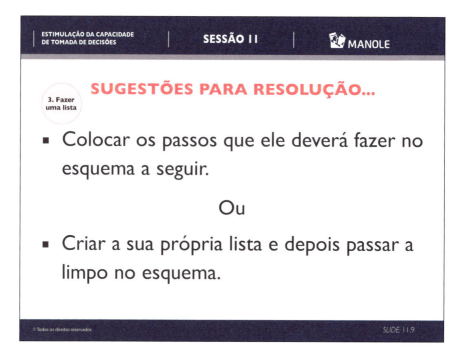

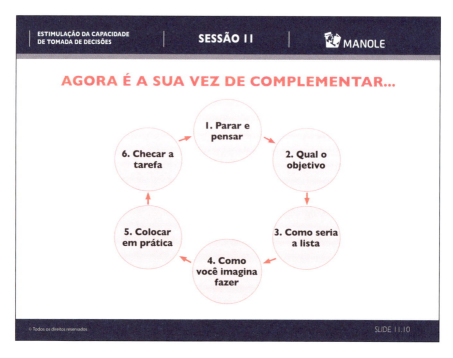

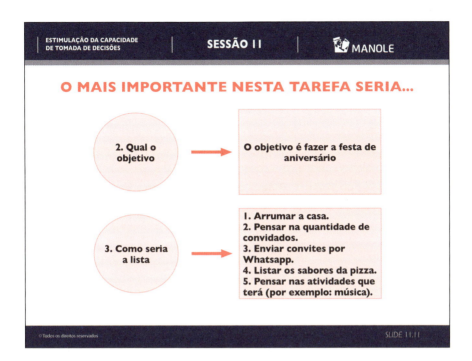

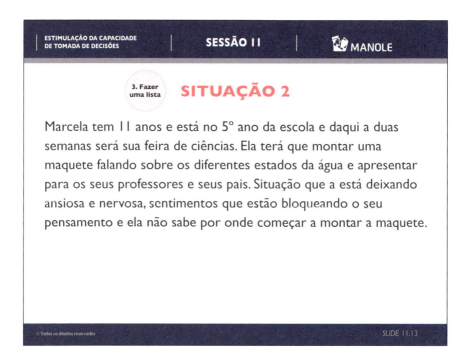

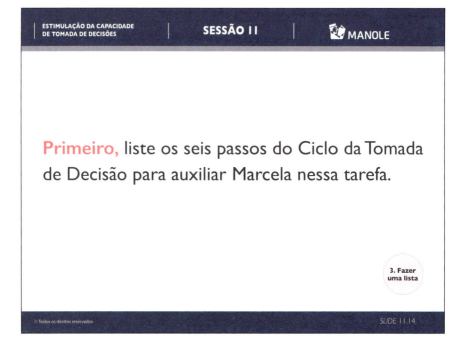

| ESTIMULAÇÃO DA CAPACIDADE DE TOMADA DE DECISÕES | SESSÃO 11 | MANOLE |

INSTRUÇÕES

Vamos anotar os passos que Marcela tem que fazer para conseguir montar a sua maquete com os estados da água para apresentar.

SLIDE 11.15

| ESTIMULAÇÃO DA CAPACIDADE DE TOMADA DE DECISÕES | SESSÃO 11 | MANOLE |

ENCORAJAR

- Vamos tentar mais uma situação?

Eu acredito em você, você é capa de conseguir solucionar essas situações...

SLIDE 11.16

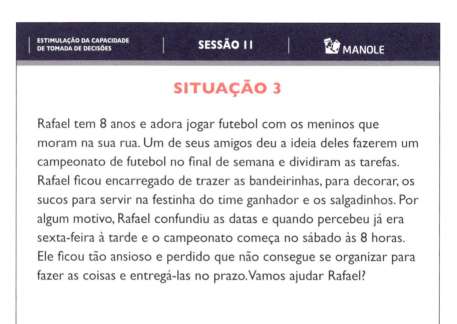

SITUAÇÃO 3

Rafael tem 8 anos e adora jogar futebol com os meninos que moram na sua rua. Um de seus amigos deu a ideia deles fazerem um campeonato de futebol no final de semana e dividiram as tarefas. Rafael ficou encarregado de trazer as bandeirinhas, para decorar, os sucos para servir na festinha do time ganhador e os salgadinhos. Por algum motivo, Rafael confundiu as datas e quando percebeu já era sexta-feira à tarde e o campeonato começa no sábado às 8 horas. Ele ficou tão ansioso e perdido que não consegue se organizar para fazer as coisas e entregá-las no prazo. Vamos ajudar Rafael?

PARANDO E PENSANDO...

- O que Rafael deve fazer primeiro?
- Quando Rafael se sentir ansioso e nervoso, será fácil ou difícil resolver o problema e tomar a decisão?
- Qual dos passos do ciclo de decisões Rafael tem que priorizar?

QUESTIONAR É IMPORTANTE!

- Como foi ter que pensar em situações que podem surgir no nosso dia a dia?
- Você se identificou com alguma situação?
- Qual passo do nosso ciclo de tomada de decisão você pensou primeiro e por quê?
- Agora durante a nossa discussão você mudaria a sua tomada de decisão e por quê?

ENCERRANDO

Recuperando a Atividade.

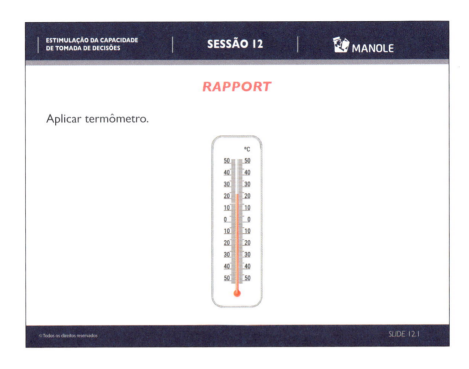

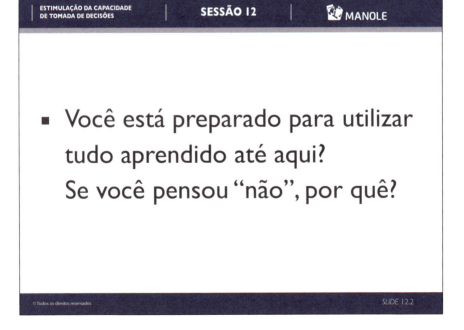

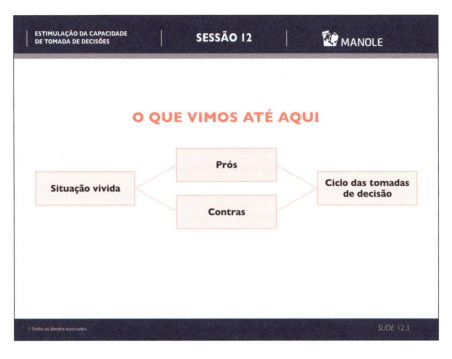

| ESTIMULAÇÃO DA CAPACIDADE DE TOMADA DE DECISÕES | SESSÃO 12 | MANOLE |

LEMBRANDO QUE...

Tem situações que envolvem mais as nossas emoções e podem ser mais difíceis de resolver...

Também há situações que não envolvem os nossos sentimentos, então chamamos de situações racionais...

- Em qual dessas situações você se sente melhor para tomar uma decisão? Por quê?

SLIDE 12.7

| ESTIMULAÇÃO DA CAPACIDADE DE TOMADA DE DECISÕES | SESSÃO 12 | MANOLE |

Pensando no que aprendemos durante essas 12 sessões, vamos parar e pensar em uma situação que você gostaria de planejar, tomar a decisão e colocar em prática. Pode ser qualquer situação que venha à sua mente.

SLIDE 12.8

CHECAGEM

- Como estamos indo?
- Está sendo fácil ou difícil?
- Estão utilizando o Ciclo da Tomada de Decisão?

QUESTIONAR É IMPORTANTE!

- Qual foi a sua maior dificuldade para iniciar a tarefa?
- Conseguiu pensar em algo com facilidade?
- Foi mais fácil essa tarefa do que as outras? Se não, por quê?

236 ESTIMULAÇÃO DA CAPACIDADE DE TOMADA DE DECISÕES

| ESTIMULAÇÃO DA CAPACIDADE DE TOMADA DE DECISÕES | SESSÃO 12 | MANOLE |

Neste momento continuamos os questionamentos, perguntando aos participantes:

- Que ansiedades e nevosismos essa situação te lembra?
- Essa situação já ocorreu? Você faria diferente? Como?
- Conseguiu identificar os prós e contras dessa decisão?

SLIDE 12.13

| ESTIMULAÇÃO DA CAPACIDADE DE TOMADA DE DECISÕES | SESSÃO 12 | MANOLE |

ENCERRANDO

Recuperando a Atividade.

SLIDE 12.14

| ESTIMULAÇÃO DA CAPACIDADE DE TOMADA DE DECISÕES | **SESSÃO 12** | MANOLE |

Aqui, como sugestão, o mediador pode quantificar os dados do seu grupo, ficando ao seu critério a aplicação da Escala de Apoio (Anexo A).

SLIDE 12.15

| ESTIMULAÇÃO DA CAPACIDADE DE TOMADA DE DECISÕES | **ANEXOS** | MANOLE |

ANEXO B – TERMÔMETRO DAS EMOÇÕES

Como você está se sentindo no dia de hoje para tomar uma decisão? Pare, pense e perceba como você está se sentindo.

😢 **Triste**

😄 **Feliz**

😟 **Ansioso**

😠 **Com raiva**

😉 **Tranquilo**

SLIDE a.4

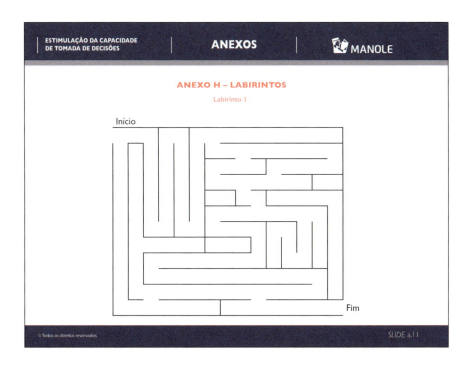

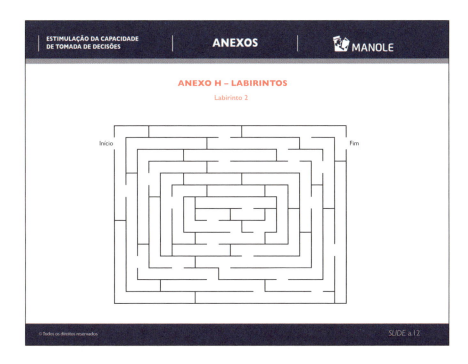

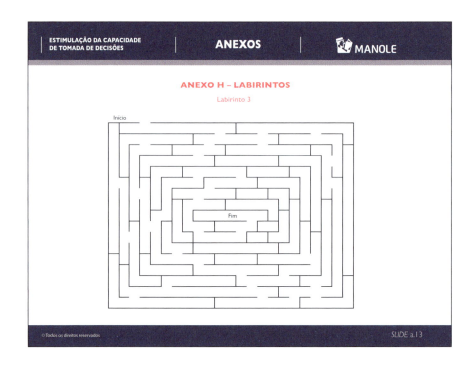
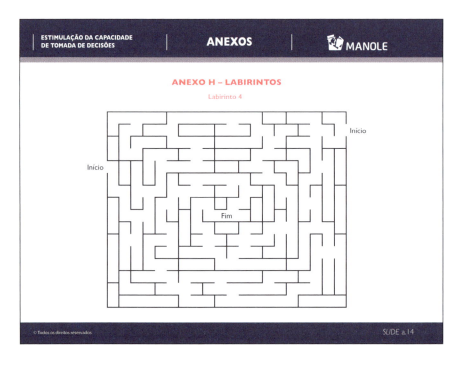

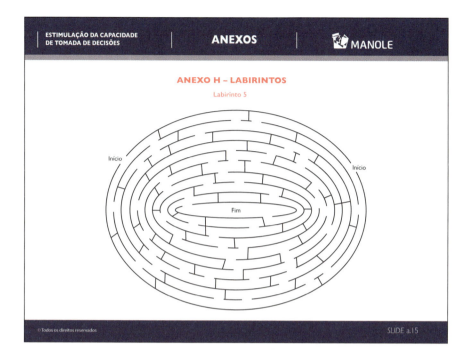